Nagata Junji
長田淳司
サラリーマン投資家を
支援する投資家

10万円から始めて
資産を200倍にする小型成長株投資

フォレスト出版

はじめに ――

この本を手に取っていただいたということは、私と同じサラリーマンで株式投資に興味がある方でしょう。

私がこの本で伝えたいメッセージは１つ。**「働いているだけでは豊かな生活はできない。多少のリスクを取っても株式投資で資産を増やそう」**というものです。

申し遅れましたが、サラリーマンだからできる投資法をセミナー形式で、株式投資に興味のある方にお伝えしている長田淳司と申します。

私はサラリーマンでありながら、これまでコツコツと資産を積み上げて、資産を7000万円まで増やしてきました。自分なりに再現性のある手法を見つけ出し、会社勤めのかたわら株式投資を続けてきた成果です。

もちろん、順風満帆に投資を続けてきたわけではありません。今でこそ本でお伝えできる自分に合った投資法を探し出すことができましたが、これまでは失敗ばかりの投資法でした。

失敗を挙げればキリがないですが、リーマンショックの暴落で失敗、日経平均先物・オプション取引で失敗……。大きな損を出すのは日常茶飯事でした。いや、投資に絶対はない以上、これからも失敗し続けることでしょう。

しかし投資の分野は、**勉強を続けることで勝率を５割以上、６割ぐらいには高めることができる**のです。なぜなら株式市場には、負けないための定石をまったく勉強しないで、目先の株価変動だけで投資をしている素人が一定数混じっているので、その人よりも上のレベルにいくことはできるからです。

それでも投資の勉強は難しいから何から学んでいいのかわからないと尻込みしてしまう人がいます。たしかに、投資については授業で学んでいませんし、専門用語も多くて覚えるだけでも大変です。しかし、株式投資だけで生活費を稼いでいるプロは、投資で勝つために日々研究をしています。

たとえば、自分が食べるために採算を考えず手鍋で料理をつくることと、利益を出すことを目的として、消費者向けに安全基準を満たしてコストを抑えながら食品工場で大量の料理をつくるのは、同じ料理と言ってもまったく難易度が違うように、個人の投資とプロの投資はまるで違います。

しかし、この本でも解説していくように、プロの投資に必要な難しい理論は個人投資家、サラリーマン投資家には必要ありません。

そこで一度、シンプルに考えてみましょう。

そもそも株式投資は何のためにあるのでしょうか？

株式投資とは、**「経営が上手な人に投資家がお金を託して、自分の代わりに増やしてもらうための制度」**です。上場していない中小企業であれば経営陣と投資家が同じことが一般的ですが、誰でも投資できる上場企業は経営者と投資家が分離しています。

もし、すべてをわかっている人だけしか投資できないのであれば、お金は銀行口座に眠ったままとなり、世の中全体で見ると資産が有効活用されていないことになります。また、経営のことに詳しく、複雑な会計制度をすべて理解しなければ投資ができないのだとしたら、経営が得意でなくても、自分の代わりに経営者に事業経営を託す株式会社という制度の意味がありません。

さらに言えば、たとえプロの投資家だとしても、外部者である以上は、投資候補先のことは部分的にしか知ることはできないのです。個人投資家でも機関投資家でも外部者であることには変わりがありません。

ですから、誤解を恐れずに言えば、起業は自分で事業経営できる人のための道具、**投資は経営能力を持たない人が資産を増やすための道具**なのです。

サラリーマンを何十年経験しても経営能力は身につきませんが、経験を手掛かりに経営が上手な会社を選ぶことは可能です。個人でできるメリットを活かして長期で投資をしていけば、必死に頑張らなくとも資産を増やせます。実際に、私も10年以上かけて、仕事のかたわら資産を増やしてきました。

とはいえ、まったく勉強しないと株式市場参加者の一番下のレベルにとどまったままです。個別株投資で資産を増やしたいならば、誰でもできることを少しずつ、普通以上に学んでいく。そんな**“二流投資家”を目指せば十分**だというのが私の提案です。

この本では、私の実際の取引を交えながら、資産を増やしてきた投資手法をあますところなく紹介していきます。

あなたの状況に照らし合わせて、何か投資のヒントを探し出していただければ幸いです。

長田 淳司

10万円から始めて資産を200倍にする
小型成長株投資

目次

第2章
二流投資家が投資で失敗する８つの理由

第3章
できる二流投資家になるための心得

第４章
さあ、成長株投資を始めよう

第5章 成長株投資に挑戦してみよう

第6章
成長株投資は財務諸表を攻略しよう

第7章
成長株のポートフォリオを組もう

第8章 "今日"からできる二流投資家への道

※本書で示した意見によって読者に生じた損害、及び逸失利益について、著者、発行者、発行所はいかなる責任も負いません。投資の決定は、ご自身の判断でなさるようにお願いいたします。

序章

株式投資は
実績（証拠）こそがすべて

これが私の投資実績です

1 13年の投資で資産は7000万円

まずは、私の投資成績をご覧いただきましょう。知らない人から投資話を聞くときには、「そもそも、本人の投資成績はどうなんだ？」という疑り深さがあって当然です。

これが原稿を締め切った時点での私の口座残高です。実際に投下した金額は13年で2000万円程度ですから**約3.5倍に増えた**計算です。参考までにおおまかな資産チャートもご覧いただきましょう。最初の頃は失敗続きでしたが、リーマンショック後は相場付きもよかったことから、資産は確実に増加しています。

長田の残高（2020年12月末時点）

買付余力	継続
買付余力（2営業日数）	9,317,082
（3営業日数）	9,317,082
ポイント数	**継続**
保有Tポイント	42pt
うち期間固定Tポイント	0pt
最短有効期限	･･･/･･/･･
NISA ／つみたてNISA投資可能枠	**継続**
投資可能枠（2021年）―NISA	1,200,000
保有資産評価	**継続**
現金残高等（合計）	9,317,082
SBI証券	0
SBIハイブリッド預金	9,317,082
株式	62,386,500
投資信託	1,403
計	**71,704,985**

ポートフォリオ

株式（現物特定預かり）

	保有株数	取得単価	現在値	評価損益
1413 ヒノキヤグループ				現買 現売
	300	1,375	2,164	+236,700
2352 エイジア				現買 現売
	200	857	1,881	+204,800
2371 カカクコム				現買 現売
	500	1,696	2,830	+567,000
2477 手間いらず				現買 現売
	700	4,984	5,130	+102,200
2515 NF外REITへ無				現買 現売
	7,700	902	902	0
2925 ピックルスコーポ				現買 現売
	100	2,150	3,145	+99,500
3064 MRO				現買 現売
	300	3,847	5,250	+420,900
3134 Hamee				現買 現売
	2,800	1,107	1,999	+2,497,600
3150 グリムス				現買 現売
	2,700	945	2,244	+3,507,300
3196 ホットランド				現買 現売
	100	1,135	1,210	+7,500
3491 GA TECH				現買 現売
	500	3,304	3,125	-89,500
3665 エニグモ				現買 現売
	800	1,242	1,242	0
3697 SHIFT				現買 現売
	100	1,155	14,310	+1,315,500
3923 ラクス				現買 現売
	2,800	912	2,392	+4,144,000
6035 IRJapan HD				現買 現売
	200	296	16,480	+3,236,800
6086 シンメンテHD				現買 現売
	3,300	509	729	+726,000
6235 オプトラン				現買 現売
	400	2,669	2,109	-224,000
6254 野村マイクロ				現買 現売
	500	636	3,210	+1,262,000
6289 技研製作所				現買 現売
	400	3,854	4,265	+164,400
6920 レーザーテック				現買 現売
	200	8,835	12,110	+655,000
7177 GMOFHD				現買 現売
	2,000	587	713	+252,000
8771 Eギャランティ				現買 現売
	700	1,511	2,249	+516,600
8979 スターツPR				現買 現売
	1	161,113	201,400	+40,287
9262 シルバーライフ				現買 現売
	500	2,045	2,162	+58,500
9414 日本BS放送				現買 現売
	100	977	1,091	+11,400

株式（現物／NISA預かり）

	保有株数	取得単価	現在値	評価損益
2515 NF外REITへ無				現買 現売
	250	960	902	-14,500
3134 Hamee				現買 現売
	500	587	1,999	+706,000
3697 SHIFT				現買 現売
	300	4,970	14,310	+2,802,000
3923 ラクス				現買 現売
	1,200	205	2,392	+2,624,410

投資信託（金額／特定預かり）

	保有株数	取得単価	現在値	評価損益
SBI－SBI・バンガード・S&P500インデックス・ファン				買付 売証
	1,150	11,392	12,207	+93

長田の資産推移

年	資産（万円）	コメント
2005	50	株式投資を始める。
2006	150	ライブドアショック。資産が少なかったのでむしろ仕込み場であった。
2007	350	買えば何でも上がる相場で資産が倍増。
2008	100	リーマンショックに加えて、オプション取引に手を出して資産が激減。
2009	200	相場の低迷が続く。何もいいニュースがない。しばらくは証券口座に入金する日々。
2010	350	成長株投資を開始。
2011	450	東日本大震災があったが下落後も購入し続けたためトータルでプラス。
2012	550	株価は変わらなかったが、投資は継続。民主党政権では株価がまったく上がらず。
2013	800	アベノミクスが開始したものの、それまでの価格が頭に残っており、早めに利益確定。
2014	1,180	30代になり、昇進したことで給料から投資に回せる金額が増加。
2015	1,600	成長株投資の投資ルールを変更。増収増益銘柄＋オーナー企業への投資を中心に。
2016	2,260	相場が堅調に推移して、2000万円を突破。資産の増加スピードが加速することを体感。
2017	3,170	一部の銘柄が暴騰したことで、資産が大きく伸びる。成長株は当たると大きい。
2018	4,310	成長株２：配当株１の割合で投資する方針。
2019	5,480	資産が5000万円を突破。過度なリスクを取らなくとも１億円がイメージできるようになる。
2020	7,170	コロナショックがあり資産は一時4000万円まで減少したものの、ポジションを保有し続けたことで前年度プラス。

そのなかでも、私が実践している株式投資の実例を１つお見せします。

携帯スマホケースを製造している Hamee（3134）に、私は数年前から投資をしています。この会社はまだ若く成長過程にある会社です。こうした伸び盛りの会社に投資すると、成功した場合のリターンが大きいのです。同社は2015年４月に東証マザーズに上場後、2016年７月に東証１部に鞍替え上場しています。

次ページのチャートで、○で示した箇所が私がどのタイミングで購入、買い増していったかです。その時々の最安値で購入しているわけではありませんが、分割で購入することにより買い付け時期を分散し、なるべく平均値を取るようにしています。

Hamee 株式会社（3134）小売業　東証１部

（コメント）業績は手堅く成長しているものの、小型株特有の激しい値動きが特徴。青丸の下落地点では株価だけを見ているといつまでも下落するような気分になり成長性が不安になるが、会社の業績を見ていればぶれることがない。

2 失敗したからこそ学べることもある

成功した例ばかりでは信用がないので、投資に失敗した例もお見せしましょう。

すでに手じまっている取引ですが、RIZAP（2928）やTATERU（1435）などでは一敗地にまみれています。

RIZAPでは保有している株式が一時テンバガー（投資額の10倍にまで株価が上昇すること）までなりましたが、売り時を間違えてずっと保有し続けたため、利益は雀の涙ほどになってしまいました。

また、TATERUへの投資では、銀行融資申し込みの際に、会社ぐるみで投資家の収入を改ざんしていたことが明らかになってから、一気に株価が暴落しました。

株式会社 TATERU（1435）建設業　東証１部

（コメント）不正が発覚して成長株ではなくなった好例。状況が変わったのに、損切りをしなかったために大損した。800円程度で売却するチャンスはあったのにズルズル売り場を逃したために220円程度での売却となった。

1435　TATERU		現物売	22,367 (32)	18/07/10	195,000	-172,633
19/05/15	100株	19/05/20				
1435　TATERU		現物売	44,736 (65)	18/06/21	390,000	-345,264
19/05/15	200株	19/05/20				

成長株投資をしている以上、一定の確率で大損する銘柄、すなわちババをつかむのは避けられません。しかし、最初からババをつかむケースは少なく、最初はエースだと思ってポートフォリオに組み入れたら、いつの間にかババに変わっているというパターンがほとんどです。

もし自分のポートフォリオにババが入っていることに気が付いたら、いかに損切りできるかが大切です。

とはいえ、失敗した取引から学ぶことが多いのも事実です。儲かった取引は利益のことだけが頭に残ります。しかし、失敗した取引は、なぜ失敗したのか、損をしてつらいという感情が記憶に残ります。一度に資産を８割減らす、信用取引で追い証が支払えずマイナスになるなどの、相場から退場するような致命的な失敗をしなければ、長い目で見れば将来の大きな成功の基礎になるとさえ言えます。私自身も、こうした取引の失敗を重ねて、今の取引手法にたどり着いています。

第1章

サラリーマンだけでは資産はつくれない

サラリーマンはお金持ちになれない!?

1 サラリーマンの生涯賃金は決まっている

私と同世代なら、あなたは30代後半です。サラリーマンになってはや15年以上、管理職として部下の面倒も見る頃になっているでしょう。権限も少しずつ増えてやりがいを感じている人も多いはずです。しかし、**仕事を頑張っているのに思ったほどは給料が上がらない**のではないでしょうか。

残念ながら、どんなに頑張ったとしても、そもそもサラリーマンが稼げるお金というのは決まっています。どのような働き方をしたとしても、タカが知れているのがサラリーマン稼業の宿命です。

あらためて、サラリーマンの給料がどのように決められているかをおさらいしてみましょう。給料は、頑張れば仕事をした分だけもらえると考えている人もいるかもしれませんが、そうではありません。どれだけ会社が売上げを上げて、どれだけ利益を出すかという入口と出口の間に挟まれていて、**一定の範囲に収まるように設定されている**のが給料なのです。

一般的な企業では、基本的に勤務年数に応じて給料が上昇する、いわば年功序列の給与体系を採用しています。

年功序列の組織形態では、アガリのポジション（管理職）になるとようやくピークを迎えるわけですが、それまでは飛び抜けた才能があったとしても、会社は給料を大幅に上げることはできません。なぜならば、人件費の総枠は決まっていて、さらに年功序列の仕組みがあれば、そのなかで傾斜配分をかけて人件費を従業員に配分していくしかないからです。職位ごとに給料のテーブルが決まっていて、そのルールに従って振り分けるという感じです。

とくに伝統的な大企業、すなわち新入社員から部長、そして再雇用されている嘱託までそろっている会社ほど、給与規定に基づき給与水準が職位レベルごとに明確に決められています。業績考課で飛び抜けた成績を上げたとしても、全体のバランスを考えて大きく出世しないようにできています。ですから、会社全体職位のテーブルを見れば、将来的にだいたいこれくらい自分が給料をもらえるというのが計算できてしまうものです。

会社が儲かっていれば配分できるパイが増えますから給料が上がりやすくなりますし、会社が儲かっていなければ10人力で働いても給料は上がりません。極論すれば、あなたがどれだけ頑張って仕事をしているかよりも、会社がどれだけ稼いでいるかのほうがずっと大事なのです。

2 企業は黒字を出さなければならない

事業を通じて社会貢献をし、継続的に利益を出し続けることが企業の存在価値であることは言うまでもありません。ですから、赤字続きの会社には銀行はお金を貸してくれませんし、借入金利が高くなって会社の財務体質をむしばみます。そもそも赤字が続けば、いつかは会社が行き詰まってしまい会社を存続させることができません。つまり、黒字を出すのがいい会社ではなく、**黒字を出さなければ存在価値はない**ということです。

とくに、上場企業では徹底した黒字化が求められます。上場企業はもはや創業者ファミリーや取引先などの近しい関係者だけの会社ではありません。なぜならば、証券取引所の売買を通じて不特定多数の投資家が、少なくとも現在の水準以上に儲けることを期待してその会社の株式に投資しているからです。

利益が増えれば、将来的にもらえる配当金が増えるので株価が上昇しやすくなります。いっぽう、利益が減ると配当金期待値が下がります。そうすると、会社が稼ぎ出す収益から期待できる投資利回りの水準まで株価が下がってしまいます。ましてや赤字転落は、悪い印象を投資家に与えることになります。

上場株式は、基本的にルールを守っていれば、誰でも株主になることができます。逆に言うと上場企業である以上、株主を選ぶことはできません。株価が下がると買収されやすくなりますし、経営陣が交代させられるリスクも高まります。

ですから、上場企業は投資家の期待に応えるため、そして経営陣が自分のポジションを守るため是が非でも黒字を出し続ける必要があるのです。

投資家から見れば、経営を頑張ったかどうかなどに興味はなく、要はいくらその会社が儲かったのかに興味があります。短期的な業績や株価動向に左右されず、長期的に保有してくれる安定株主が欲しいというのは上場企業経営者の共通の希望ですが、現実問題としてそこまで長期的な視点で上場企業の株式を保有している投資家は少数派です。

大方は利益がでなければさっさと見切りをつけてほかの株に乗り換えてしまいます。ですから会社経営者は、売上げが減少するような苦しい状況でも、人件費、広告宣伝費、旅費交通費などの経費をコントロールして、とにかく黒字を出すようにします。

これは家計にたとえるとしっくりきます。

お父さんの部署が替わり残業がなくなったことにより、毎月３万円の収入が減ったとします。これまで何とか毎月トントンで家計を切り盛りしていたとすれば、一気に毎月３万円の赤字に転落する危機です。

そこでまず、これまで家族で月に２回行っていた外食を月１回に減らします。これで１回5000円の節約です。献立も牛肉は贅沢なので豚肉や鶏肉に変更します。安い食材を使うなどで毎月5000円の節約。携帯電話をキャリア携帯から格安スマホに夫婦で変えて月１万円の節約。毎日の晩酌も週３回にして月3000円の節約。あまり通っていなかったスポーツジムを解約して7000円の節約。

以上、合計で３万円を節約することで家計をスリム化して赤字に転落することを予防できました。

これと同じように、企業も売上げが減ると、様々な経費を絞って黒字を維持しようとします。

そうした経費の見直しでウェイトが大きいのは**「人件費」**です。企業は事業が好調で儲かりそうなときには支給総額を増やし、事業環境が厳しいときには支給総額を減らすのです。

３「人件費は経費」が企業にとっての本音

経営的に厳しい環境でも、厳しい解雇規制があるために日本企業は正社員の余剰人員を整理解雇することは事実上できません。経営の立場から見ると、**正社員の給料は削ることの難しい固定的な経費（固定費）**なのです。

したがって、労働力の調整弁として企業は派遣社員やアルバイトを利用しています。これらの職種は、雇用側からすれば雇用し続ける義務がありません。経営が苦しいときにはこうした契約で採用している人を打ち切ることで、人件費の総額を抑えます。

逆に業績が伸びている場合でも、昨今の経営環境の変化は著しく一寸先は誰にもわかりません。2019年末の段階で、2020年の新型コロナウイルスの影響を誰が想定したでしょうか。

数年おきにこうした予想できない出来事がやってくるので、いつ業績が大きく崩れるかわかりません。一時的な業績の好調をボーナスという形で報いることはあっても、**恒常的に人を雇うというのは経営的視点で見ると大変リスクが大きい**のです。日本企業は、今述べたように正社員の人件費をダイナミックにカットするわけにはいきませんから、有事の事態に備えて、ある程度財務体質に余裕を持っておかなければならないのです。

そこで内部留保の積み上げ、ボーナスによる調整、非正規社員・アルバイトの雇用という３段階で人件費を調整しています。さらに業績が厳しくなり、どうしても人員の削減が必要になると新規雇用の停止、早期退職の推奨、最後に整理解雇という形で正社員を絞っていきます。

もう少し経営から見た人件費について突っ込んでみましょう。経営陣は「社員こそが財産だ」と建前では言いますが、本当にそうでしょうか。

上場企業になると、**「半分ホントで半分ウソだ」**というのが私の考えです。企業はいかなるときにも利益を出さなければならないので、従業員だけでなく、株主にも目を配らなければなりません。経営陣は、株主を重視していることを従業員の前ではあえて言いません。利益の配分をめぐって利害が対立するのが従業員と株主ですから、当然です。

いっぽうで、株主へのメッセージは、「業績をいくら伸ばした」「配当をいくら増やした」とアピールしています。結局、上場企業の社長は**ステークホルダーによってメッセージを使い分けているの**です。

もちろん、「人件費はコスト」なんて言ってしまったら、社内のやる気がなくなってしまいますから、思っていても言いません。

サラリーマンから見ると給料は生活の手段そのものですが、やはり経営者から見れば、**「人件費は経費」**なのです。

だからと言って、サラリーマンは与えられた給料でつつましく生きろということではありません。給料だけで資産形成が厳しければ、経営者側、すなわち“資本家側”に回る方法を考えるべきなのです。

サラリーマンが資産を増やす方法はある？

1 資産を増やすにはリスクを取るしかない

これまで見てきたように、サラリーマンであれば急激に給料が上がるというのは考えられません。では、どうしたら資産を増やすことができるか。まず、大原則として覚えておかなければならないのは、この資本主義社会で資産を増やそうと思ったら、**「何らかのリスクを取って“起業”か“投資”をしなければ資産は増えない」**という事実です。

リスクを取らないならば、それなりの人生を歩むしかないのです。それでも、ひと昔前は銀行の金利が高く、元本保証付きで7％、8％で資産を増やすことができました。しかし、今は銀行の金利はほぼゼロ。この状態が10年も20年も続いているのですから、銀行預金で資産を増やせる時代は、あなたが現役の間に訪れる可能性は低いと言えます。

ということは、根本に立ち返って、リスクを取って投資しなければ資産は増えていかないと考えて行動すべきです。

2 起業するというリスクが取れるか

リスクを取って資産を増やす方法で、まず思い浮かぶのが起業でしょう。成功すれば収入が一気に増えますが、起業とは人生をかけた勝負です。サラリーマンのような受動的な取り組みではうまくいかず、収入が入ってこない間も何年もひたすら成功を信じて努力する性根でなければうまくいきません。

それに、自分で起業した場合、経営者になるということですから、すべての経営責任を負っています。しかも、どんなに労力を費やしてもうまくいかないこともあります。それを含めて起業なのです。

たしかに、これまでの経験を活かした個人のコンサルティング業、講師業などスモールビジネスであれば、ニッチな分野にチャンスがあるので成功する可能性は比較的高いでしょう。ただ経済的な面で見ると、さほどサラリーマンと変わらないかもしれません。収入面で最低でも２倍にならないと、安定を捨てて起業するリスクに見合わないでしょう。

そもそも、起業をしたいと思っても、「家族が反対する」「ノウハウがない」などの理由で起業に踏み出せない人がほとんどです。また、会社に長く勤めていると、そこだけで通用するスキルで仕事をしていることも多く、それまでの人脈やスキルを一度リセットして起業することになるので、一時的な収入減少は覚悟しなければなりません。年を取ればとるほど給料が上がっていきますし、家族など守るべきものも増えますから、二の足を踏んでも不思議ではありません。

起業するリスクを取ることはできないけれども、ひと財産は築きたい。そういう人は、やはり**株式投資しかない**のです。

3 不動産投資は本当に儲かる投資？

資産形成手段として、株式投資ではなく不動産投資を考える人も多いでしょう。たしかに、不動産は古来より有用な資産運用手段でした。一般的に、不動産投資はこれからも安定した収益ができるでしょう。

ただ、**サラリーマンが現在の市場環境下において不動産投資で儲けやすいかどうかといえば、それは別問題**です。アベノミクス前には不動産投資を積極的にする人も少なく、今よりも高い利回りの物件が市中に出回っていました。都内で投資利回り10％を超えるような物件もざらにあったので、融資さえ引ければこうした物件を購入できました。

しかしその後、2013年からアベノミクスによる金融緩和相場が始まり、投資資金が潤沢に不動産市場に供給されるようになりました。不動産投資に銀行融資が付くようになったので、こぞって投資物件が買われるようになったのです。

買う人が多ければ不動産物件の価格は上昇します。不動産の想定利回りよりも安い値段で銀行から資金調達することができれば儲かるのですから、今では10%を超えるような物件を見つけることが難しくなりました。

利回りが下がるということは、賃料だけで投下資金を回収するまでの時間が長くなり、今から不動産投資をしてもひと昔前のようには報われないことを意味します。10%の利回りが5%になれば、単純に投資回収できるまでの期間は2倍になります。それだけ長期間リスクを負いながら投資することが求められているのが、現在の不動産投資環境です。

むろん、不動産投資は相対取引ですから、常にチャンスは転がっています。たとえば、相続が発生すれば納税費用を支払うために、泣く泣く安い値段で土地を手放さざるを得ない人がいます。また、事業で失敗して、その埋め合わせに所有する不動産を売却する人もいます。競売物件も同じです。何らかの事情で不動産を安く売らなければいけない人は、必ず出てくるのです。

こうした不動産所有者から取引価格を下げて不動産を購入するのは、買った瞬間に利益が確定する取引です。ですから、鮮度の高い情報に接することができる人たちだけに情報が回って売買が成立してしまい、**一般の人には話が回ってこない**のです。

また、こうした話はすぐに購入を決められる人にしか回ってきません。売り手からしたらすぐに買ってくれる投資家に話を持っていってしまいます。つまり、購入決定までに時間がかかりそうな初心者においしい案件が回ってくると考えるほうがおかしいのです。初心者がこうした物件をつかむのは至難の業です。

ただのサラリーマンが不動産で成功するのは、今は難しくなってきています。現在の状況は、誰しもが儲けられる状況ではありません。また、金額が一般的に大きいのが不動産投資の特徴ですから、そうそう失敗もできません。不動産投資は自分の強みを持ってから投資をすべきでしょう。

はたして投資信託は簡単に資産をつくれる投資なのか

1 運用者はサラリーマンでしかない

株式投資は自分で銘柄を選択する必要がありますが、そこまでの労力をかけたくない。そのような投資家が資産形成するための手段として“投資信託”があります。

投資信託とは株式投資のプロに、**自分に代わって投資をしてもらうための仕組み**です。それでは投資信託はサラリーマンの資産形成手段として適切なのでしょうか。

投資信託には、市場の指数に連動する「インデックスファンド」と、ファンドマネジャー独自の銘柄選択によりインデックスファンド以上の収益獲得を目指す「アクティブファンド」があります。

日本の有名なインデックスは、日経平均株価や東証株価指数（トピックス）でしょう。しかし、これらのインデックスファンドは、いまだにバブル後の高値を上抜いてきていません。インデックスファンドに投資しても報われない展開がずっと続いたのです。
インデックス投資理論はアメリカで発達したものですが、日本ではここ30年に限ってはあまり機能していなかったとも言えます。

では、アクティブファンドはどうか。JPモルガンザ - ジャパン、レオスキャピタルワークスのひふみ投信など、市場平均を打ち負かしている立派なファンドもありますが、押しなべて見ると、日本の投資信託は同じような運用をしていて満足な成績を残しているファンドはあまりありません。
なぜ、プロの投資家が運用しているにもかかわらず凡庸な成績になってしまうのでしょうか。私は理由が４つあると考えています。

１つ目は、**「日本の投資信託のファンドマネジャーはサラリーマン」**だということです。結局はサラリーマンですから、リスクを取っていません。自分の自己資産をつぎ込んで運用しているファンドではありませんから、しょせんは人のカネで、真剣にやる気は出ません。
むしろ投資信託の業界で出世していくためには、失敗しないほうが大事です。大きく成功したとしても、サラリーマンですから大して給料は上がりません。逆にほかの投資信託と異なるファンドを組成すると、失敗したときに言い訳ができません。
いっぽう、市場平均に少し変化をつけた程度のファンドだと、市場平均が悪かったと言い訳できますが、独自色の強いファンドを組成して、インデックスの値動きに比べて自分が担当しているファンドだけが下落するようなことがあると、とたんにファンドマネジャーとしての評価が下がります。

ほかの人と違うことをして成功してもメリットが少なく、失敗するとペナルティが大きいのでは、リスクを取る動機がありません。そこで、ほかのファンドを横目に見ながら、当たり障りのないファンドが乱造されていくのです。

２つ目に、**誰もが認める優良銘柄をポートフォリオに組み入れがち**だということです。優良銘柄は対外的になぜポートフォリオに組み入れるのかを説明しやすいものですが、成長性という意味では無名な銘柄に劣ります。

それでも組み入れているのは、金融商品の販売現場で**顧客にアピールする側面**があるからです。顧客が投資信託に組み込まれている銘柄を見たときに、よくわからない銘柄ばかりでは納得しづらいからです。

AI に特化した投資信託をつくるといっても、ソニーやトヨタといった企業をポートフォリオに組み込んでおき、これらの企業も AI の取り組みを進めていると顧客に説明したほうが、投資信託が売りやすいのです。

３つ目に、**顧客の資産を運用する以上、様々な制約がある**ということも挙げられます。たとえ株価が大きく上昇しそうな銘柄を見つけても、好きなだけ組み入れるわけにはいきません。自分たちが組み入れたい銘柄があったとしても、顧客の投資信託売買動向を踏まえながら、機動的に売買しなければならないからです。

もし相場動向が悪く顧客がファンドの売却注文を出したら、ファンドマネジャーが買いの場面だと思っても、逆に売らなければなりません。投資信託の成績としては、下がったところで売ることになりますから、相場の上昇についていけなくなります。

たとえば、100億円規模の投資信託があって、10銘柄、それぞれ10億円の購入をしているとしましょう。大きく相場が下げたことから顧客から預かっている資産の10%を売却したいという申し込みがあるとします。

この場合、ファンドマネジャーはポートフォリオからそれぞれ10%分を売却、それぞれの銘柄を1億円分売却していきます。

つまり、ファンドマネジャーは顧客が投資信託を購入したり、売却したりするのに合わせて機動的にポジションを変化させなければならないのです。もちろんすべての銘柄を均等に売らなくてもかまいませんが、とにかく顧客が10%分売却したら、それに合わせて10%分の現金を売却でひねり出さざるを得ません。

逆に、相場動向がよくて顧客がファンドの買い入れ注文を出したら、ファンドマネジャーは売りの場面だと思っても買わなければなりません。顧客が10%分追加購入したのであれば、何とかして株式を購入してポートフォリオを組まなければならないのです。

このように、ファンドマネジャーは自分の相場観とは別に、顧客動向に応じて売買しなければならないという宿命を負っています。

4つ目に、**流動性の観点から投資できる銘柄に制約がある**ということです。投資信託は、顧客から預かった資産を運用するために、ファンドの運用資産が多額になります。小さいファンドは何十億円程度ですが、有名投資信託だと預かり資産4000億円、5000億円という投資信託もあります。その投資信託に見合った株式を購入するには、ある程度流動性が確保された銘柄を大量に購入しなければなりません。投資信託ですから100株、200株ではなく少なくとも1銘柄当たり数千株、数万株の株数を売買します。

流動性がないと自分の注文で株価が大きく動いてしまいます。なるべく市場への影響を抑えながら投資するのですが、流動性の低い銘柄には思い切って投資ができません。つまり、個別銘柄の流動性に応じて、組み入れられる株数が決まってくるのです。

たとえば、運用資産額が大きい「ひふみ投信」のファンドの中身を見ると、運用当初は得意な中・小型株を入れており、勢いよく成長する銘柄に投資することで投資信託の基準価格が大きく上がりました。

その実績を見て、多くの投資家が次々にひふみ投信へ資産を預けるようになります。しかし、これだけ巨大な投資信託になると、これまでのように中・小型株へ投資ができなくなってくるのです。

預かり資産が5000億円もあるのに、小さい株に5000万円、1億円とつぎ込んでいても、全体のポートフォリオに及ぼすバランスが悪いほか、機動的な売買も難しくなるからです。とすると、次第に大型株に投資せざるを得ません。実際にひふみ投信のファンドに組み入れられている銘柄は大型株が増えています。

2 投資信託のデメリットは個人投資家のメリットになる

いっぽう、個人投資家の場合は、自分が最終的な意思決定責任者であり、他人への説明責任はありません。ですから、**純粋に自分の思惑だけ**で売買できます。

自分の判断だけで安いと思えば断固買い、高いと思えば断固売りを即座にできるのです。他人が原因で売買が制限されることはありません。

また、投資しようと考えている銘柄の時価総額にも左右されません。タイミングを分散していけば、欲しい株を欲しいだけ買えるのが個人投資家です。

このように、個人投資家の個別投資には投資信託にはないメリットがたくさんあります。もちろんそれなりに知識の習得は必要ですが、個人投資家が必要な知識はそこまで難しいものではありません。ぜひ、投資に慣れてきたら成長株投資を学んでほしいのです。

投資の利益は優遇される

1 サラリーマンで稼いでも累進課税という壁がある

サラリーマンは、年功序列で給料は少しずつ上がっていきます。しかし、増えた分だけ豊かになるかと言えば、そうは問屋が卸しません。**「累進課税制度」**という壁が立ちはだかってきます。

累進課税制度とは、所得が増えれば増えるほど、増えた部分にかかる税率を増やして、高所得者に相応の税負担を求める税制方式です。

給与所得者の所得は、すでに一定の金額が給与所得控除という形でみなし経費が差し引かれており、節税の手段が限られています。給与所得だけが収入源の人は、ガラス張りで税金を取られているということです。会社経営者や個人事業主のように様々な節税策が使えないために、給料が上がれば上がった分だけ取られてしまいます。

感覚としては1000万円を超えると、超えてきた分の半分は取られるという感じです。所得税、住民税に加えて、社会保障、消費税の10%が乗ってきますから5割課税と考えればいいでしょう。さらに高校無償化や、児童手当の減額など、ほとんどの公的支援制度から外れてしまいます。そのマイナス分を入れるとさらに実質的な手取りは減少します。

給料が上がってくる年代は、子どもが高校生・大学生になっており何かとお金がかかる時期にもあたりますから、収入が増えてリッチになると感じることはありません。

いっぽう、株式投資で得られた利益にかかる税金はどうなっているでしょうか。株式投資から得られる利益は**売買益（キャピタルゲイン）と配当金（インカムゲイン）**の2種類がありますが、いずれの所得にも約2割が所得税・住民税として課税されます。

先ほど1000万円を超えてくると、給料が増えても5割が税金で持っていかれるという話をしました。課税所得が同じでも5割と2割の差は大きいです。努力で埋めるのが難しいほどの圧倒的な差です。

金持ち本のベストセラー『金持ち父さん貧乏父さん』（扶桑社）で、収入源により税率が異なることを著者のロバート・キヨサキ氏は金持ち父さんに語らせています。労働所得は税金の優遇がない所得なので5割持っていかれる。投資から得られる所得（ポートフォリオ所得）は2割の税金が持っていかれる、と。

お金持ちほど、税制が優遇されている投資からの所得が増えていきますから、さらにリッチになっていくという仕組みです。

2 投資はなぜ2割の課税なのか？

なぜ、投資でえた利益には2割しか課税されないのでしょうか？「お金持ちから税金を取らずに、どうして庶民から税金を取るのだ」と不満の声が聞こえてきそうです

しかし、この仕組みは日本だけでなく世界中で採用されています。廃止される見込みもないのですから、それなりの理屈があるのです。それは、ひと言で言えば**「投資家はリスクを取っているから」**なのです。

新しく起業する人がいるとしましょう。この世に生み出すサービスは、当たるかどうかわからない段階で誰かがリスクマネーを提供しないと始まりません。仕入れ、テナント料、水道光熱費、人件費、広告宣伝費、借入金利、保険料と、出ていくものをまず支払ってから始めるのが商売です。やっとのことで軌道に乗ったとしても、ライバルの出現、時代の変化、災害など、様々な不確定要素を乗り越えながら商売を続けていかなければなりません。

損失が発生した場合には、どんなに経営努力したとしても1円ももらえません。投資家はこうしたリスクを負っているからこそ、その収益にかかる税金が少なくなっているのです。

また、海外との競争という意味もあります。いまや優秀な経営者は課税率が低い国で起業することを選べる時代です。国をまたいでどうやって税率の低い国でビジネスを展開するのか。国際的な企業になればなるほど、それを考えています。米国株のパフォ

ーマンスが良いのは、経営効率がすぐれているだけではありません。こうしたタックスプランニングを徹底しているという側面もあるのです。

様々と述べましたが、理屈はともかく、**まずは２割（資本家）と５割（労働者）の違いを知ることが金持ちへの道**です。複利で計算してみれば、それはさらに歴然としています。同じ100万円を稼いだとしても、投資で稼げば80万円、労働で稼げば50万円を毎年再投資に回すことができます。

10年間、5％の複利で計算したものが以下のチャートです。ご覧の通り、大きく差がついていくのがおわかりいただけるはずです。収入の種類の違いで10％以上も手残りが違ってしまうのですから、定期預金はどこに預けるのがお得かを考えるよりも、どうやって投資から収入を得るのかを考えるべきです。

税率の違いが大きな差になる

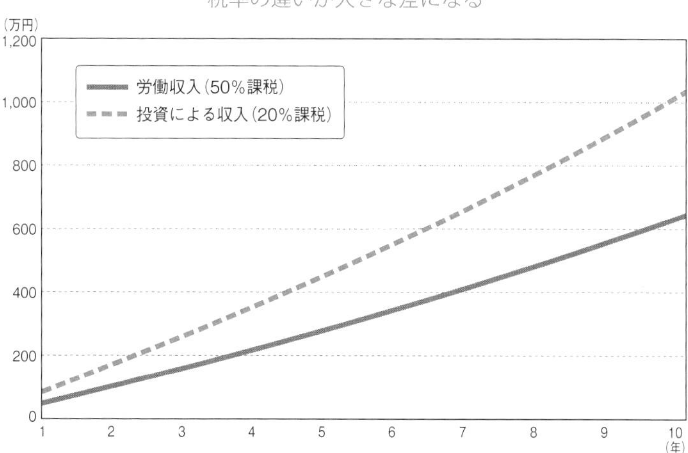

これからも格差社会は広がっていく

1 「r＞g」という公式の世界からは逃げられない

経済格差の拡大を問題にする人がいます。しかし、資本主義社会においては格差というのは本来広がるものです。

「r>g」、この不等式をご存じの人も多いでしょう。rとは、資本収益率、gとは経済成長率を意味しています。もっとわかりやすく言えば、**「投資から得られる収益は、常に労働をして得られる収入よりも大きい」**ということです。

つまり、お金持ちが投資で稼ぐお金は、庶民が働いて稼ぐお金よりも大きいのです。常に投資のほうが得られる金額が大きいのですから、格差は常に広がり続けます。これは骨太の経済書籍でありながら異例の大ヒットとなった、フランス経済学者トマ・ピケティ教授が『21世紀の資本』（東洋経済新報社）で過去200年間にわたる膨大な調査の結果論証した事実です。

冒頭で「給料ではお金持ちになれない」と説明しましたが、資本家がさらに資本を増やすのが資本主義であって、給料は本質的に資本家が利益を得るための経費の一部なので、投資家が納得する利益が得られないならば、お金の出し手がおらず、そもそもビジネスとして成り立ちません。

絶対的なこの法則がある限り、政府の介入（税金の徴収）があったとしても格差を縮める効果は限定的で、結局は資本家がより資本を蓄える社会構造になっているのです。

社会が発展するにつれて、資本主義は格差を拡大し続けます。

政府にできることは、格差を少しでも縮めるためにビジネスで成功した人から税金を徴収して、その他大勢の人にばらまくという所得再分配くらいです。それとて、あまりにも高い税率を課してしまうと、企業は経済的に合理的な選択肢を取って、会社をたたむか、所在地をほかの国に移してしまいます。

政府の義務は、国民が過度の貧困状態に陥らないようにセーフティネットを張りめぐらせるというくらいです。

2 IT化でさらに格差が広がる

ITの進化は人々の暮らしを劇的に便利にし続けていますが、同時に格差拡大に拍車をかけています。情報流通の仕組みをつくり上げた人、それを利用する人には恩恵がありますが、普通に従業員として働いていてもメリットはあまりありません。

株式投資を例に挙げてみると、昔は対面営業をしている証券会社で売買注文するのが当然でしたが、今ではオンラインになりました。東京証券取引所でも昔は「場たち」という制度で、人と人が売買を付け合わせていましたが、今では完全にコンピュータ化されています。

投資に必要な情報も簡単に入手できるようになりました。かつては有料で取り寄せていたものも、法定の有価証券報告書や決算短信、そのほかの適時開示情報もいつでもどこでも無料で閲覧することができるようになりました。

また、企業のウェブページを見ることで企業の情報も容易に見ることができます。『会社四季報』もオンライン証券に口座を開いていればオンラインにて無料で見ることができますし、株価のリアルタイムチャートも見ることができます。

こうした仕事はかつて人がかかわっていた仕事ですが、それが次々と人の手を借りなくてもできる仕事に代わっています。とくに才能のない普通の勤め人が給料を上げてくれと願っても、IT化が進めば進むほどそれは難しい。それならば、**どうすれば勝ち組に回れるのかを考えたほうが生産的**です。

あなたが、お金儲けが上手ならば起業すればいいし、得意でなければ株式投資をして他人に任せればいいのです。「配られたカードで勝負するっきゃないのさ」というスヌーピーの名言の通り、置かれた環境で打てる手を打つ。すなわちリスクを取って投資に乗り出すほかありません。

3 リスクから逃れることは誰にもできない

資本主義社会においては格差が拡大していくのだから、それなりに豊かになろうと思えば投資をするほかありません。資本主義とはリスク・テイクした人に報いる経済システムです。儲かりそうな会社に投資しておけば、そのリターンが10倍や20倍になることもめずらしくはありません。

そうは言っても、株式投資で損するのが怖いと考える人もいるでしょう。実際に短期的な株価の上下は50%ですし、業績が上がらない会社の株をつかんでしまうと長期的に下落します。

ただでさえリスクをとるのを怖がるのが人間です。日本ではバブル崩壊後、あまり株式投資がうまくいっていないイメージがあります。株式投資にネガティブな意識を持つ人が多いのもうなずけます。

しかし、**投資が苦手だからとリスク資産を保有しないという選択をしていたとしても、資産が上下するリスクから逃れることは**

できません。銀行口座に預けておいても金利はほとんど付きません。

ここで、あなたが100万円を現金で保有しており、あなたの友人も同じく100万円を保有しているという例で考えてみましょう。

あなたの友人は100万円を株式に投資しました。株式が上昇して100万円が200万円になったとすれば、あなたは友人より100万円分の資産が減ったことになります。いっぽう、株式が下落して100万円が50万円になったとすれば、あなたは50万円分資産が増えたことになります。

リスク資産は資本主義には欠かせないものです。そのリスク資産の価格は市場で常に動き続けていますから、そのリスクから逃れることは一生できないということなのです。

第2章

二流投資家が投資で失敗する
8つの理由

株式投資は、過去の歴史を見れば長期的には報われる可能性が大きい取引です。しかし、投資を始めてみても思うように成果が出ていない人が多いのもこの世界。

はたして、**投資でそれなりに儲かっている投資家と失敗する投資家を分けているのは何なのでしょうか。**投資に必要な情報はすべて公開されていますし、ましてや長期投資であれば設備面での違いも影響しません。

面白いことに、成功する投資家のスタイルは千差万別ですが、失敗する投資家には共通点があります。現状で成功していないのであれば、失敗している理由を探せば、投資家としての実力が上がるはずです。

そこで過去の自分やセミナーに参加されている方の声をもとに、失敗する理由を挙げ、その対応策について述べていきましょう。

―失敗理由①―
仕掛けられた罠に引っかかっているから

世の中はどんなイベントでも**少数の仕掛ける側と多数の仕掛けられる側**で成り立っています。たとえば、CMを流して売上げを上げようとする企業が少数派、テレビを見てCMの商品を購入する消費者が多数派です。

株式投資で言えば、Twitter等のSNSの情報発信する側、受け取る側がその関係にあたります。たしかに、SNSにより株式市場で何が起こっているかを把握することができます。値上がり率上位の銘柄に乗って利益をもくろむ、出来高がハネ上がっている銘柄でデイトレ勝負をする、決算の内容をチェックするという人もいるでしょう。

しかし、なぜ情報発信をしている人がいるのか冷静に考えてみてください。現役投資家が話す内容は基本的にはポジショントーク。自分の都合のいいことを話すものです。相場を仕掛けている人は、すでに保有しているポジションをより有利に持っていくために、情報発信している可能性があるのです。仕掛ける側は同じ土俵で勝負しないのです。

私はこうした影響を避けるためにあまりSNSは見ません。数々の失敗を重ねていった経験から、いくらSNSを見ても自分の投資の実力は上がらないことがわかってきたからです。

では、どうすればいいのか。それは企業の決算などの1次情報を見て、自分の頭で考えることです。

― 失敗理由② ―
余裕がない状態で投資をしているから

心理的に焦って時間もお金も余裕がなくなると、負けるパターンに陥ります。

あなたが投資で使おうと考えているお金は、近い将来引き出すことを予定している資金でしょうか。余裕がある人が異性にモテるのと同じで、投資も**余裕のある資金でやるほうが株に好かれる**ものです。「買っても買わなくてもいいけれど、どうしようかな、買おうかな」という気持ちで投資するのが大事です。

とくにサラリーマン投資家は、必死に投資を学んだ分だけうまくいくわけではありません。楽しむ気持ちを忘れずに投資するくらいでちょうどいいのです。

たとえば、取引に制約が課されている信用取引で投資するのも、余裕がない取引と言えます。信用取引とは、現金や株式を担保として、証券会社からカネを借りて株式を買ったり、株券を借りて売ったりする取引で、最大預けた担保の約3.3倍まで株式の取引（レバレッジ）ができます。

この信用取引は、飛び抜けて上手でないと儲けられないようにできています。その理由を以下で説明しましょう。

信用取引で失敗する理由

- 時間を味方につけられないこと
- 様々な名目で手数料が取られること
- レバレッジ効果で追い証が発生すること

信用取引は、ポジションを立ててから「半年という期限内で決済すること」が義務付けられています。半年という期限は、会社の価値が上昇するのを確認するのに必ずしも十分な期間と言えません。もちろん、チャートを見続けて、チャートの行き先がわかるプロ、セミプロの方は確かにいます。ただ、株式投資を始めた人にとっては、株価が短期的に上がるか下がるかを予想するのは大変難しいことなのです。

また、信用取引に様々な「手数料がかかること」を計算に入れていません。一番大きいのは利益にかかる約20％の税金です。次に売買スプレッド（売値と買値の差額）。売買スプレッドとは、買い注文と売り注文の間に存在し、たとえば100円で買いたい人、101円で売りたい人が列に並んでいて、売買するたびに、このスプレッドを相手方に支払わなければなりません。

さらには、売買手数料が取引ごとにかかります。そして、最後に金利です。金利は証券会社が自由に設定できるのですが、制度信用買いならば1％～3％のところがほとんど。たかが年間で1％～3％と思いがちですが、元本に対してかかる金利なのでレバレッジがかかっている分だけ余計にかかっています。

さらに恐ろしいのは「追い証が発生すること」です。信用取引は証券会社から投資資金を借りてレバレッジを効かせることができます。最初に保証金を差し出す義務があるのですが、その保証金を超えて損をすると、損をした金額を支払わなければならなくなります。これを追い証というのです。

つまり、損金が拡大する前に損切りできない、言い換えればお金に余裕がない人は大損してしまいます。

以上、信用取引を例に挙げてみましたが、時間とお金に余裕を持った投資ができないサラリーマン投資家にとっては、失敗する確率が高くなります。

― 失敗理由③ ―
タネ銭を本気で貯めていない

株式投資は、投じた資金が掛け算で増えていきます。ざっくりと言ってしまえば、投資した会社が倍稼げるようになると株価は

２倍になり、10 倍稼げるようになると 10 倍になるという寸法です。ですから、**元本をたくさん入れたほうが有利**なのです。元本が増えれば増えるほど、同じ資産の増え方でも伸び率が違ってきます。

100 万円が 10%増えても 110 万円にすぎませんが、1000 万円が 10%増えると 1100 万円。さらに１億円が 10%増えると１億 1000 万円になります。

より早く、より多く投資したほうが有利

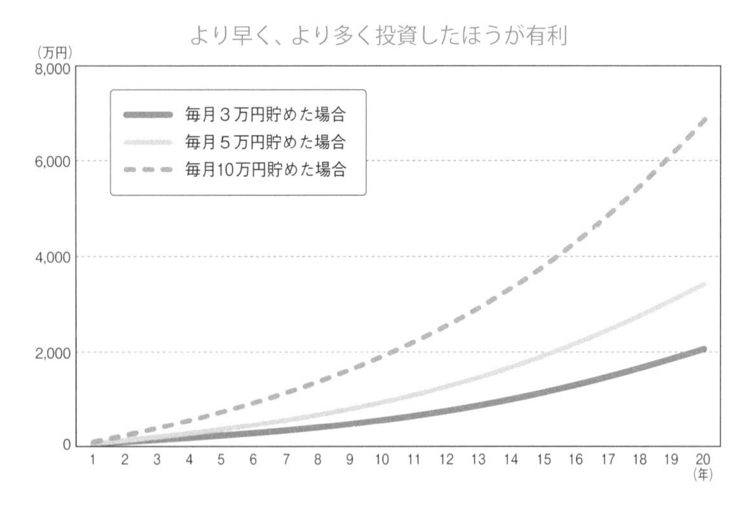

同じ労力をかけても投資の効果が出てくるのは、投資の後半です。10 年の投資タームなら、後半３年ぐらいが加速度的に増えていきます。ですから、タネ銭を増やさないと資産が増えていくスピードを味わえません。

たとえば、毎年 100 万円の不労所得がもらえるようになるタイミングを考えてみましょう。毎年 100 万円の不労所得を得るためには配当株に投資して安定的に年利５% を稼ぐとすると逆算して2000万円の資産が必要です。

では2000万円まで資産を増やすには、毎月タネ銭を追加して何年かかるのか。毎年投資利回りを10%とすると、毎月3万円で20年。毎年5万円であれば16年かかります。

ボーナスもなるべく投資に回すなどして毎月10万円投資に回すと、11年で達成します。毎年100万円入ってくるようになると、無理しなくても自然と投資資金が増えていきます。

タネ銭で稼ぐ1万円はただの1万円ではありません。投資を続けていけば複利で回って20年後には10倍にもなるお金ですから、考えようによっては1万円ではなく10万円をタネ銭で稼いでいるということになります。時給1000円のアルバイトでも、実は時給1万円の価値があると、お金を稼ぐための単調な仕事だとしてもやる気も少し出るのではないでしょうか。

タネ銭の1万円は、将来の10万円？

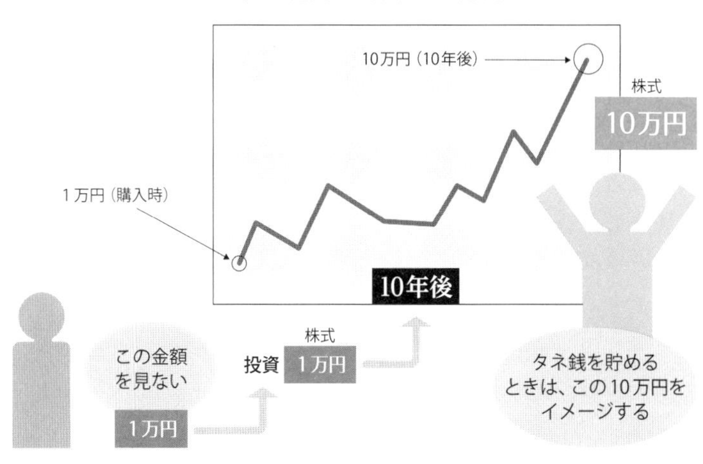

私はこのことが腑に落ちたとき、何が何でも毎月の収支を黒字にしていこうと思いました。行き着く先が同じならば、先に努力するか、あとに努力するかの違いです。

株式投資で資産をなすには給料が多くないといけないという思い込みを持っている人がいますが違います。大切なのはあくまで、**収入からどれだけの貯蓄ができ、どれだけ投資に回すことができるか**です。要は割合の問題です。

考え方を変えれば、収入が少ない人は生活コストが低いので、タネ銭を貯めて投資に回すと豊かになりやすいとも言えるのです。毎月の生活コストが30万円の人は、月間30万円、年間360万円の不労所得が得られるようになれば、人生を自由に送ることができるようになります。

米国のお金持ち研究本『となりの億万長者』(早川書房)という本をご存じでしょうか。著者トマス・スタンリー氏によると、実は億万長者は質素な生活をしており、自分に向いている仕事をしている特徴があるということです。

これは何を意味しているのでしょうか。おそらく一生懸命働いて、見栄を張らず、生活コストを上げず、家計が圧倒的な黒字体質であるということでしょう。

支出を抑えて、黒字にすることがお金持ちへの近道ですが、支出を抑えるのは生活習慣ですから、すぐに身につくものではありません。収入が増えると自然と支出が増えるのが人間の性です。タネ銭を貯め続けることで、資産が増えても生活を派手にせず今まで通りの生活を続ける習慣も身につきます。

この習慣が身についていないと、投資で一時的にお金を得たとしても、大きく増やす前に使ってしまい、複利効果が長続きしないのです。

― 失敗理由④ ―
市況を見れば株価を予測できると思っている

株式市場の市況など、マスコミや情報配信サービスの情報に常に身をさらしている人がいます。

短期投資家であれば、毎日の価格変動こそがメシの種ですから、市況をくまなくチェックして、今盛り上がっている銘柄を探すことは大事でしょう。

しかし、**日中仕事があり、頻繁に売買することができないサラリーマン投資家は、市況にべったり張り付く必要はありません。**あなたがいくら市況を眺めても株価が動くことはありません。投資する会社の成長見通しが間違っていなければ、いずれ株価は収益力に見合った水準まで上昇します。不確かな成長性を信じ、成長が株価に反映されるまで待つことが長期投資家の儲けの源泉です。チャートを過度にチェックすることではありません。

むしろ、中・長期の投資家は株価をあまりチェックしすぎると、仕事にも身が入らなくなってしまい逆効果です。その時間があれば、友人と会う、外出して街の変化を見る、読書をする、旅行に行くといった活動をしたほうが投資ヒントを得られる可能性があります。相場だけ見ていても、相場のことはわからないのというのが正直なところです。

― 失敗理由⑤ ―
集中投資をしてしまう

投資で短期間に大きく資産を増やす秘訣をお伝えしましょう。それは、ごく少数の２～３銘柄、人によっては１銘柄に集中投資することです。

１、２銘柄の集中投資は成功すれば爆発力はすごいものになります。数百万円から始めて短期間で億単位まで大きく資産を増やしている投資家は、例外なくどこかで勝負しています。

しかしこれは、**起業のようなもの**です。上場企業のオーナーは、自社株が資産の９割以上ということもありますし、資産を１つの銘柄に集中投資していれば経済的には起業と同じです。

ただし、これは実力をつけた一流投資家の投資法で、普通のサラリーマン投資家にはお勧めすることはできません。実力が身についていない二流投資家は、はたして上昇する銘柄を正確に選び取ることができるでしょうか。少なくとも私にはできません。投資した銘柄のうち、上がる銘柄がいくつか出てくればそれでいいという考えで５～10銘柄に分散しておく。そうすれば、大きく儲けることができなくとも、一部の銘柄が当たってトータルでパフォーマンスがよくなっていきます。

実力を十分に身につけることができたら、さらに高みを目指すため集中投資に挑戦することはいいかもしれませんが、**最初は過度な集中投資は避けたほうがいい**でしょう。

― 失敗理由⑥ ―
感情に流されてしまう

インターネットの情報や投資雑誌などで特集された銘柄をすぐに、そのまま購入していないでしょうか。株式を買いたくなるときというのは、市場環境がよく株価が上昇しているときです。市場にはいい情報が流れて、先行きが明るいように見えます。

しかし、相場で勝つのはいつも少数派です。**「人の行く裏に道あり花の山」**という相場の格言があります。皆が投資をしたがらないときに買いを入れ、皆が集まってきたときにそろりそろりと脱出するのが相場で勝つ秘訣です。

なぜ、その銘柄に投資しようと思ったのか、自分のなかで答えがあるでしょうか。情報に踊らされて、その銘柄を買ったときはすでに天井近くだったということはよくある話です。

投資は感情に流されたら負けます。これは投資で失敗したことのある人ならば、誰しも身に覚えのあることでしょう。

― 失敗理由⑦ ―
専門家の意見を信じてしまう

投資とは不確かなものです。不確かな状況に置かれると、人間は確からしいことを言う人の言葉を求めます。投資で言えば、株式アドバイザーや金融機関といった専門家の意見を参考にすることが当てはまります。

しかし、“株式の専門家”と言われる人々は、実際には株式を購入していないというのをご存じでしょうか。というのも、実際に稼いでいるのであれば、わざわざ当たらない相場の分析をすることもなく自分で稼げばいいだけの話だからです。

だからと言って、金融機関に相談に行くのも時間の無駄です。彼らもまた、株式投資で儲けている人たちではありません。金融機関では各営業員に金融商品の販売ノルマが課されており、その商品を売るのが彼らの仕事です。親身に相談に乗ってくれるかもしれませんが、究極的にはそのお客様のための金融商品かどうかよりも銀行が売りたい金融商品を勧めるのが仕事です。

銀行は株式などの金融商品の価格変動リスクを負うことなく、売るだけで利益を確定させています。本当に儲かるなら売る前に彼ら自身も投資しているはずですが、寡聞にしてそのような銀行員をあまり知りません。

それでは、家計の専門家、フィナンシャルプランナーはどうでしょうか。彼らの仕事は、家計の将来設計図の作成相談です。入ってくる収入をどのようにバランスよく振り分けて、これからの出費イベントをこなしながら堅実に生活していくかを提案するのが仕事です。

ですから、株式投資を進めるフィナンシャルプランナーはいません。確実性の高い話をするのが仕事であって、株式投資は不確実性が高く、予測できないからです。したがって、フィナンシャルプランナーに投資のことを聞いても、せいぜいインデックスファンドを勧める程度でしょう。

では、現役の投資家に話を聞けばいいということになりますが、そもそも投資で儲けている投資家はわざわざマスコミに登場する必要もなさそうです。

仮に儲けている投資家がSNSで自分の意見を公表していても、株価が上昇しても、下落してもどちらに動いてもいいように複数の投資シナリオを頭に描きながら投資に臨んでいます。

仮に、彼らがマスコミの取材で相場見通しを答えたとしても、それは彼らが持っている見通しの１つでしかありません。

この本では株式投資を実践している個人投資家の立場から、私の投資経験をお伝えしているにすぎません。私はこの投資手法に確信を持っていますが、あくまで成長株投資、それも１つの考え方であって、絶対に正解というわけではありません。**最後は自分で考えて、自分の必勝法を見つける**しかありません。

― 失敗理由⑧ ―
常識にとらわれている

世の中の大多数は給与所得者、すなわちサラリーマンです。その子供は物心ついたころから、会社員として働き、毎月給料を得ることが大切だという価値判断を刷り込まれています。お金を稼ぐ方法は様々あることを教わらず、稼いでいるイメージもつかないまま世の中に放り出されます。

しかし、この常識は戦後の高度成長期につくり上げられたもので、伝統的な日本の価値観ではありません。真面目にコツコツ稼いで貯金をすればいいというのは、戦後につくり上げられた幻想にすぎません。

定期預金の金利が７〜８％あるのが当たり前という時代は終わりました。それは誰もがわかっています。何もしなければ資産を築けなくなった時代、投資をするしか道はありません。

リスクを取っても投資をするというのは、まだまだ日本の常識になっていませんが、今後はそうした考えに傾く人が増えてきます。**常識にとらわれていては何も変わらない**のです。

第3章

できる二流投資家になるための心得

サラリーマン投資家は二流投資家を目指せ

サラリーマン投資家は、投資に回せるお金も限られていますし、情報分析に使える時間も限られているはずです。でも安心してください。私たちは、**個人投資家として凡人で十分**なのです。凡人をほかの言葉でいえば二流でしょう。意気揚々と二流を目指しましょう。

二流投資家とはズバリ、**負けない投資家、粘り強くあきらめの悪い投資家になる**ことです。具体的に言えば、第2章で説明したような、やってはいけないことをやらず、短期的に儲かっていても、損していても気にせず毎月余剰資金を証券口座に入れていく。先行きの成長が見込める銘柄をほどほどの価格で買い続ける。

他人が投資を始めると聞けば、そろそろ相場が過熱してきたかなと心配し、相場が悪いときには安く株を仕込むことができるチャンスがやってきたと生き生きとして投資できるようになればいいのです。

逆に考えてみると、必死に投資の勉強をして一流を目指すのはコスパが悪いのです。テストで言えば、100点満点ではなく70点を取れるようになればいいのです。80点、90点を目指すと、それだけ学習する時間が増える割には点数が上がりません。

投資でも一定の学習量を超えると、学習に見合った成果が出なくなります。それなりの実践を積むことで年間10%～15%の利回りは取れるようになるかもしれませんが、毎年40%や50%も資産を増やすことはごく限られた人にしかできないことです。投資は元金に利回りをかけたものですから、結局投入する金額量のほうがモノを言います。

投資自体が趣味にならない9割以上の人は、本業、家庭生活や趣味などの大切なことに時間を費やすべきです。そもそも稼ぐのは手段ですから、ご自身の人生を楽しむために投資があるべきです。どのようにすればコストパフォーマンスよく、負けない二流投資家になれるかを考えたほうが賢明です。

“継続的に”投資のことを勉強しよう

投資スタイルにもよりますが、成長株の長期投資をするのであれば、**“継続的に”株式投資について勉強する**ことが必須です。お金もあって、勉強もしているプロ・セミプロの投資家が群雄割拠しているのが株式市場です。二流投資家でいいといっても、予備知識なしに投資したらまずやられます。

投資候補銘柄の「ビジネスモデル分析」「財務諸表の見方」「分割売買の技術」など、ある程度の時間を取って学習するほうが勝率は上がります。

投資情報は書籍やセミナーなどでも学ぶことはできますが、何よりも一番役に立つことは**自分自身の経験から学ぶ**ことです。失敗しても経験を積み重ねることで投資家としてのレベルが上がっていきます。

「一発で投資する危険性を学んだ」「決算で下方修正が出て、回復の見込みもない銘柄は損をすると学んだ」「ビジネスモデルの分析をせず投資したら思いのほか市場が小さく、伸びずに終わった」などの失敗を１つひとつ学んでいくのです。

私は、**失敗もせず、ひと足飛びに上手な個別株投資家になることはできない**と断言できます。私も実際に、今まで幾度となく投資で失敗しています。この学習プロセスに時間を取られること自体がつらくない人こそが個人株投資に向いています。

といっても、株式投資の勉強というのはそんなに難しいことではありません。事業と違って、自分でコントロールできる範囲が少ないからです。投資する会社を見つけるまでが大変ですが、そこから先は見守るだけです。

事業であれば、すべてを自分がコントロールして事業の拡大を目指していくのですが、株式投資の場合は、自分に代わって資産をうまく増やしてくれる有能な経営者を選択することしかできません。また株価も自分でコントロールすることができません。買った後、経営陣に不満があればできるのは株を売ることだけです。

とくに長期投資であれば、一度投資してしまえば、その仮説が正しいかどうかを見極めるには３年ぐらいの時間がかかりますから、その間は経営者が定期的に発信するメッセージ（有価証券報告書、決算短信、決算説明会などの資料）を参考にして保有を継続するかどうかを決めればいいのです。

投資先を絞り込んで購入するまでの一連の流れについては勉強する必要がありますが、購入した後は経営陣がうまく企業をハンドリングしているかを、四半期決算を中心に確認していくだけです。本業（仕事）がある投資家でも、そこまでの負担ではありません。

投資の技術を身につける

経済的に豊かになるには、労働者として給料を得るだけではなく、投資家側に回って投資をしたほうがいいという主張をこれまでしてきました。しかし、投資したことがない人には何から始めたらいいのかわからない人も多いはず。私が主催しているセミナー参加者でも、株式投資をまったく知らない状態から学んでいる人がたくさんいます。

でも心配しないでください。**投資の能力は後天的に身につけることができる能力**です。ダンス・水泳・野球・書道・茶道……これらの技術を習得するのと同じで努力で身につけられる方法です。習い事でも、どのレベルまで上達することを目的としているかで練習が変わってきますよね。

たとえば、ひと口に水泳といっても、オリンピックに出ることを目指した技術の習得と、気持ちよく1キロをノンストップで泳げるようになる技術の習得は、習得にかかる難易度、時間、精神的・体力的な負担が違います。

投資の世界でも同じことが言えます。投資の世界で何億円もの資産をつくるのは大変ですが、普通のサラリーマンが2000万円、3000万円という資産をつくるのに難しい理屈はいりません。

基本的な知識でいいのです。プロのように、膨大な知識を身につける必要はありません。むしろ、勉強しすぎてリスクを過去にとらえてしまう人より、基本的な知識を押さえているけれどリスクに少し鈍感な人が成長株投資に向いています。

しかし、リスクに鈍感であれといっても、いきなりリスクを全力で取ることはお勧めしません。負担がかかりすぎないものの、少しは緊張感のある金額で取引をしながら、少しずつ必要な知識を得ていきましょう。

投資に回せるお金が100万円だとすれば、20万、30万というお金で投資を始めてみるのです。投資に必要な知識は実践を通じて自然と身についていきます。

投資のゴール、投資のプランを逆算から考える

株式投資であなたが得たいものは何でしょうか。言われるまでもなく、株式投資はお金を増やすためだろうという声が聞こえてきそうですが、それでは、そのお金を使って何がしたいのでしょうか。何歳までにいくら貯めて、最後はどのように使いたいのでしょうか。

投資の目的は人それぞれです。老後の年金が欲しい、日々の生活に少しお小遣いがあればいい。はたまた、一生遊んで暮らせるだけの金を株で稼ぎたいという人もいます。株式投資は数字の掛け算のゲームですから、自分の現在の立ち位置と目指すゴールの距離に応じてやるべきことが変わってきます。

別の言い方をすれば、**ゴールを決めてそのゴールを達成するためにはいつまでに何をしなければいけないと逆算して考えていく**のです。

「元本の追加投入と計画」。この2点を意識して株式投資をしている人は余り多くいません。さらに、定期的に自分の投資を見直す人もほとんどいません。正直に申し上げますと、私もセミナーを始めるまでには、そこまで考えたことはありませんでした。

しかし、今は10年後に3億円、20年後に10億円という目標を立てています。自分の中でぜひ目標とするゴールを決め、そこから逆算してどのように投資に向き合うかということを考えていきましょう。

一例で考えてみましょう。今500万円持っているとして、10年後に2000万円をつくりたいと考えている人がいるとします。そうすると、だいたい複利10%で回しつつ、毎年50万円の追加投資を10年間続ければ2000万円に到達することがわかります。漠然と2000万円という資産をつくりたい、と思っていても達成するのは難しいですが、具体的に目標を落とし込むと、具体的な行動が見えてくるのです。

10%の利回りで10年間で資産2000万円を達成

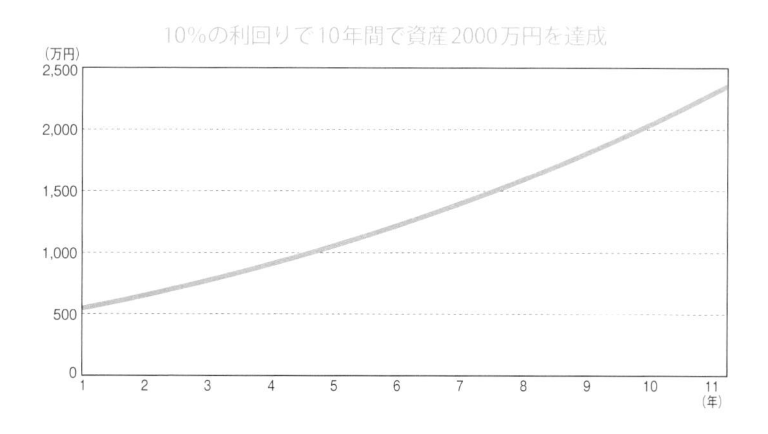

また、投資利回りを上げるのは難しいことですが、追加資金を投入すればするほど必要な利回りは下がってきます。先ほどの例で1年間に投下するお金を84万円、毎月投資する金額を7万円まで増やすと、500万円を10年で2000万円まで増やすために必要な利回りは7%まで下がります。

タネ銭500万円で、2000万円に到達するまでにかかる年数

想定利回り	毎月の投資額	3万円	5万円	7万円	10万円
4%	かかる年数	19年	15年	13年	10年
5%		17年	14年	12年	10年
6%		15年	13年	11年	9年
7%		14年	12年	10年	9年
8%		13年	11年	9年	8年

投資をしていると、個別の銘柄でどのくらい上がるかということに目が行きがちですが、基本的には銘柄を分散して複数の銘柄で勝負していくわけですから、毎年何%の割合でお金が増えていくのかということを意識したほうがいいのです。

これは毎月の投資額と想定利回りの関係を書いたものです。毎月の投資額が多いほど、そして利回りが高いほど2000万円に到達する年数が短縮できます。

投資を始めたら10年は続ける

株式投資を始める多くの人は、途中ですぐにやめてしまいます。投資で利益を得たり、損をしたりしている間に大きな暴落に巻き込まれて大損。それ以上の損失を避けたいために、相場の底でロスカットをしてしまい損失が確定。そこからは株式投資をやめてしまう……。

セミナーの受講者の方々にお話をうかがうと、株式投資は難しいと、その後は投資をあきらめてしまうという人が多くいました。少し損をしただけで、"投資は儲からない"と決めつけてしまう人が多かったのです。

しかし、これはあまりにも見切りが早すぎるというものです。どんなビジネスでも、始めてすぐに儲けられるようになるビジネスはありません。最初はやらなければならないことが多い割には、収益が上がらないのがビジネスです。

投資もビジネスと同じだと考えてください。結果的に上昇する銘柄でもその過程で1～2年程度横ばいでウロウロすることはよくあることです。長期スタイルでの株式投資でいきなり儲かることはないと構えておけば、すぐに株価が上がらなくても心配にはなりません。

成長株に投資して、見込み通り株価が上昇していくタイミングを正確に予想することは不可能ですし、上がる期間は一瞬です。フィデリティで30年以上にわたって年利29.2%の利回りを出し続けた伝説のファンドマネジャー、ピーター・リンチ氏は、この急激な上昇のことを“**稲妻が輝く瞬間**”と呼びました。

今回のコロナショックでの下落時も、私は稲妻が輝く瞬間のことだけを考えてポジションを取り続けました。これまで様々なことがありましたが、例外なく株式相場はそうした瞬間を盛り返してきたのです。

今日、明日の相場だけ見れば当面下がり続けることもあるでしょう。しかし、長期的には業績の水準に株価は落ち着くようになっています。狼狽して売ることなく、私もコロナショックからの反転に無事に乗ることができました。

収益性が上昇している銘柄は一時的に下落したとしても、長期的には株価に見合った水準まで上昇します。株の本質は、事業で稼いだお金の分配金を受け取る権利だからです。

本業で100万円稼ぐことが期待できる会社の株が、10年後1000万円稼ぐことができる会社に成長したとします。つまり10倍稼ぐ会社に成長していたら、その株価は10年前と同じでしょうか。会社の収益レベルに応じて株価が上昇している可能性は高いはずです。10年が長すぎるのであれば5年間。これだけの時間があれば、短期的な相場動向によるブレを吸収して、業績に見合った株価まで株価は上昇するでしょう。

企業が成長しても、株価に反映されるまであまり資産が増えない状況が続くこともあるかもしれません。逆に言えば、一度会社が成長すれば、株価は一段階上の水準で値動きするようになります。そこまで待てない投資家がほとんどですから、いかに投資について人はせっかちなのかということがわかります。

長期を目的とした株式投資が続かない理由がもう１つあります。それは、**増えたお金のインパクトを感じるレベルにまで資産が増えるのには時間がかかるので、喜びを感じられない**からです。

普通の人が投資をして、数千万円の資産をつくるのは一朝一夕ではできません。私もここまでくるのに10年以上の歳月を費やしています。私の経験から言えることは、投資を続ければ続けるほど資産が増えるスピードが上がるということです。

最初の１、２年は投資で儲かることもなく、逆に損することも多かったのも事実です。しかも、１年間で10万円増えてもあまり資産が増えた感じはしません。

当然、投資金額が多ければ、金額が大きいので資産が増えていく額も大きくなます。同じように努力していても効果が何倍にもなります。100万円なら少しはリッチになった気分になります。1000万円増えたのであれば、一流サラリーマンの年収レベルの資産が増えることになりますので相当うれしいものです。

しかし、サラリーマンが投資額を一気に増やすことは不可能です。ですから、コツコツと投資額を増やしていくしかありません。それが、私が**「10年は投資し続ける」**ということなのです。

二流の投資家でも、愚直に株式に投資していれば、次第に資産が増えていきます。私自身、少しだけあなたよりも先に始めただけで遠く一流には及びません。むしろヘタクソです。10年以上株式投資を続けていて１億円を達成している人はいくらでもいますが、私は１億円にはまだまだ到達しないレベルです。

それでも続けていることで、私は少しずつ当面の目標である1億円というゴールに近づいています。「毎月の給料天引き＋ボーナス投下＋配当金＋貸株＋優待＋企業の自然成長」というフォローの風に乗って、短期的にはマイナスになることがあっても少しずつ前に進んでいるのです。

身の回りのことに興味を持とう（大化け株は意外なところに隠れている）

株式投資、とくに企業価値に着目した長期投資で成功するためには、大きく株価が上昇する銘柄を見つけて、さらに上昇するまで粘り強く企業を応援することが大切です。

大化けする銘柄はどうやって見つければいいのか気になりますよね。しかし、**10倍になるような大化けする銘柄は、意外にも自分の身の回りで見聞きしている銘柄**だったりします。

たとえば、ゲーム銘柄などは自分がプレーして面白いゲームをつくっている会社が投資対象になりますし、ワークマン（7564）や神戸物産（3038）などは調べようと思えば、実店舗に行けばその魅力がわかったはずです。数値には表れない魅力というのも、自分が消費者の立場になればわかります。誰もが知らない状態のサービスを知る必要はなく、少し感度がいい人が知っている段階で乗っても十分間に合うのです。たとえば、テレビで少し取り上げられるようになったとか、街でよく店舗を見るとか、サービスを利用している人が増えているといった情報です。

上場しているといっても、まだ知名度が低い状態では、サービスがうまく立ち上がり事業として成功するまでどれくらいの時間を要するのかはわかりません。

今やメガベンチャーになったエムスリー（M 3、2413）は、上場後してすぐに花開いたわけではありません。2011 年頃までは株価は多少上昇する局面もありましたが、それでも株価は横ばいで推移していたのです。株価が大きく上昇し出したのは 2012 年以降ですから、それまで持ち続けられたかどうかはわかりません。

エムスリー株式会社（2413）サービス業　東証１部

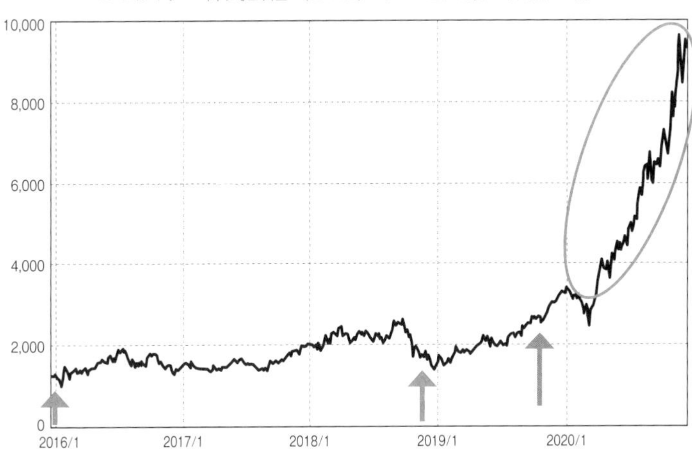

（コメント）新型コロナウイルスを機会に株価の評価が急上昇。買い戻すチャンスがない。

2413　エムスリー		現物売	267,621（178）	18/10/27	108,300	+159,321
19/10/28	100 株	19/10/30				
2413　エムスリー		現物売	535,244（357）	14/08/18	216,600	+318,644
19/10/28	200 株	19/10/30				

勝つべくして勝とう

株式投資というと、一般的には株価チャート、出来高、板情報、そのほかのテクニカル指標を使った短期投資が頭に浮かぶ人が多いはずです。

人間は利益が出ていればすぐに利益を確定したい生き物ですから、本能のままに取引をしていれば自然と短期取引になります。これは、なるべく早く獲物を獲ろうという本能に近い思考ですから、無理もありません。

ただ、問題が1つだけあります。それは、**同じように短期投資を手掛けるライバルが手ごわい**のです。自分よりも資金・情報・経験すべてが圧倒的に強いプロの投資家が最新のコンピュータでゼロコンマ何秒の世界で注文をさらっていくのです。機関投資家だけでなく、個人で億単位のお金を運用する投資家もいて、数百万単位の投資家はかなり苦戦を強いられるはずです。

私の知人に元国内証券会社でディーラーを務めた凄腕投資家がいます。彼の話を聞いていると短期投資の実力がすごすぎて、とてもではないですが太刀打ちできません。証券会社時代に培った知識を武器に、儲かる投資手法を複数もって投資をすることで安定的に利益を上げています。そういう人がゴロゴロしているのが短期投資市場なのです。

個人投資家は、**自分が有利に勝てる方法で、勝てる局面だけで勝てばいい**のです。二流投資家は無理に強敵と戦わなくていいのです。たとえば、プロ野球選手は常に上を目指してレベルの高いところで勝負を求めます。高いレベルで勝負するにはストレートだけでなく、変化球も必要でしょう。

しかし、二流投資家は無理に強敵と戦わなくていいのです。草野球で素人相手にストレートで三振を取り続けたほうが楽です。常に自分より弱くて、勝てそうなところだけで勝ち続ければいいことを覚えておいてください。

成長株投資のメリット・デメリット

勝てる方法の１つとして、私が得意としている中・長期の成長株投資についての心得を説明してきました。この章の最後に、なぜこの投資法を私が選択しているのか、その成長株のメリット・デメリットについても述べておきます。

メリットその１　誰でもできる

個人投資家の中には市場平均を上回る、ものすごい投資成績を残している人がいます。書籍を見ると３年間で１億円といったすごいパフォーマンスを示している人もいます。

しかし、それは果たして自分でもマネできることなのでしょうか。銘柄をとことん分析して、信頼できる１、２銘柄に集中投資できる胆力がある人なら可能かもしれません。しかし、書籍で解説されている方法は、自分の環境でもできる方法、すなわち再現性がある手法でしょうか。

私は株式関係の著書を何冊も出版されている成長株テリーさんからお話を聞く機会をいただくことがありました。投資手法はテクニカルとファンダメンタルズを組み合わせた投資手法で、最後はやはり独特の売買センスがモノを言っている気がしました。つまり、その手法をマネできる人もいるが、できない人もいるという投資法です。

しかし、**成長株投資は再現性が高い方法**です。日中相場を見ることができない人でも、粘り強く長期間保有することで、数倍、時には数十倍のリターンを得ることができる手法です。

私も数銘柄テンバガーを保有していますが、結局やっていたことは周囲の雑音に負けず成長するまで保有し続けていただけです。今後５年も待てば、今保有している株のうちいくつかは10倍を超えるレベルまで成長してくれるはずです。

この投資法なら、誰でもできるはずです。

メリットその２　税金の繰延効果が働く

中・長期の成長株投資では、利益確定のタイミングが遅くなります。企業の成長が確実に外部に現れるようになるのは３カ月～半年では足りず、時によっては２年も３年も株価が横ばい、レンジ圏で推移することはよくあります。

さて、我慢した結果、株価が上昇したとしましょう。値上がりすると含み益が生まれます。100円で買った株が200円になれば100円の含み益が生じています。

個人投資家はこの含み益に課税されることはありません。利益を確定した瞬間に、約２割の納税義務が生じますが利益確定をしない限りは売買益には課税されません。

つまり、利益確定を最小限に抑えることで**「複利効果」**が働きます。利益確定すると、そのたびに源泉徴収税（所得税・住民税）が約20％取られてしまい複利効果が減少しますが、長期投資をすることで税金の支払いを将来の利益確定時まで繰り延べることができるのです。世界一の長期投資家であるウォーレン・バフェット氏が数十年にもわたる複利効果を利用して資産を増やしたことは有名です。

短期取引は、まさにこの複利効果を使わず、買った分だけ常に税金を支払いながら利益の獲得を目指していく投資手法です。長期投資と比較すると税金の支払いという面で不利というのは事実です。

メリットその3 株式投資以外のことに時間を使える

成長株の中・長期投資は**人生の効率がいい**とも言えます。短期投資では、常に株価を見ながら投資のタイミングを探ることになるので相場から目が離せません。事前に指値をする、自動売買などの手法もありますが、それにしても日々の戦略を立てるのにそれ相応の時間が取られます。

頻繁に株式投資をしていると株価が気になります。株式投資は中毒性があるので、次第に売買しないと落ち着かなくなってしまうのです。もし本業の仕事ぶりに影響が出てしまうのであれば、短期売買は控えておいたほうがよさそうです。

いっぽう、長期投資であれば、そこまで日々の値動きに神経を張り詰める必要はありません。まったく勉強しないわけにはいきませんが、短期投資と比べて相場の時間に張り付いていなくてよい分、投資にかける時間が圧倒的に少ないというメリットは大きいです。

投資は豊かな人生を送るための手段であって、目的ではありません。個人的には将棋や囲碁と同じく知的なゲームで、どっぷりと株式投資の世界に浸かって取り組むのは最高の趣味だと思っていますが、誰しも投資に興味があるわけではありません。そこまで日中の株価チェックに時間を割けないという人は、中・長期投資が最適です。

メリットその４　今の仕事に役に立つ

個別株投資と投資信託の違いは、**投資のことを自分で考えるか、他人に考えてもらうか**の違いです。投資信託は、投資のことを丸ごと他人に考えてもらう投資法で、すべてお任せの状態です。ですから、基本的なこと以外は投資の知識が身につきません。

いっぽう、個別株投資では投資信託に比べて様々なことを勉強しなければなりません。市場動向、会社のビジネスモデル研究、財務諸表の読み方、資金管理、既存事業の環境・新規事業の動向など多くのことを学びます。

言い換えれば、個別株投資をして得られる知識は**株式投資だけに役立つものではない**のです。たとえば会計知識が身につけば、会社の仕事も一段上から見ることができるようになります。儲かる会社がどういうものかわかれば、転職先を選ぶ観点が変わります。さらに、様々な業界の動向にも自然と詳しくなるので、社会人としての見識が広がり、人生全般に役立ちます。

また、子供に対して金融教育をしてあげられるというのも大きなメリットです。自分が稼いだお金は相続税で持っていかれてしまいますが、いくら金融に関する知識を教えてあげても税金を取られることはありません。

子供にかぎらず、世の中の人は経済・金融の仕組みがわからず困っている人が大勢います。そうした基本的な知識を教えてあげるだけでも、とても感謝されることもあるのです。

メリットその5　勤め人のメリットを活かせる

個人投資家はプロのような情報収集能力はありません。資金も限られているでしょう。反面、プロにはマネができない個人投資家ならではのメリットもあるのです。成長株であれば、それらのメリットを活かしながら投資をすることができます。

それは**「税制優遇措置（NISA）」**です。NISAは毎年設けられている枠の中で売買したものについては**配当金と売買益を非課税にする**という、個人投資家向けの優遇措置です。

私もNISAで投資をしています。次の表をご覧ください。ここまで約600万円の含み益が出ていますが、本来であれば利益を確定した場合に120万円程度の源泉徴収税がかかります。しかし、今売却したとしても税金は1円もかかりません。

2020年12月29日時点のNISA残高

株式（現物／NISA預り）

	保有株数	取得単価	現在値	評価損益
2515　NF外REITヘ無				現買 現売
	250	960	902	-14,500
3134　Hamee				現買 現売
	500	587	1,999	+706,000
3697　SHIFT				現買 現売
	300	4,970	14,310	+2,802,000
3923　ラクス				現買 現売
	1,200	205	2,392	+2,624,400

たまたま個別株はすべて上がっていますが、途中で問題があると判断した銘柄（ディー・エル・イー〈3686〉、オークファン〈3674〉など）は損切りしています。

また、個人投資家は好きな銘柄を好きなときに、好きなだけ売買することができます。これは個人投資家にとってはごく当たり前のことに感じるかもしれませんが、投資規模が大きい機関投資家は売買に様々な制限が課されており、個人投資家のように柔軟に売買ができません。

それに機関投資家は、組織としての意思決定の範囲で投資しなければならないため、どんなに自分が有望だと思った銘柄でも買うことはできません。小型成長株を買えること自体メリットと言えるのです。

さらに、**勝ち逃げできるというのも隠れたメリット**でしょう。自分が満足のいく資産規模、たとえば2000万円、3000万円、5000万円まで増やしたら、あとは相場に参加しないという選択肢を取ることができるからです。機関投資家にはそれができません、いついかなるときでもリスクを取って投資しなければならないのですから。

デメリットその1　資産が増えれば価格変動が大きくなる

個人投資家が成長株投資をするメリットばかりを言ってきたようですが、当然成長株投資にもデメリットはあります。デメリットはメリットの裏返しです。

まずは、**成長期待度合いが膨らむ、または縮むことに伴って株価が大きく上下する**ということです。さらに、ボラティリティが同じでも絶対的な価格変動金額が大きくなるので、**株価が上昇すればするほど精神的な負担が大きくなります**。これは投資金額が増えてくると、どうしても付き合わなければならないことです。

数千万円の金額でも、毎日100万円単位でお金が動きます。桁が１つ大きくなり億の単位で資産運用するようになると1000万円単位でお金が動くということです。つまり、平気で５億円が４億円になり、６億円に増えるという世界です。

もし暴落に巻き込まれると、下手すれば一生サラリーマンをやっても払い切れないぐらいの損失を被ることもあり得るということです。

投資を続けていると資産はどんどん増えていきますから、いつかは自分のリミッターを超える金額まで投資金額が増えてしまいます。この価格変動に耐えられない人は、ある程度の資産規模になったら投資を卒業することも大切です。

デメリットその２　株価上昇まで耐えなければならない

次に株式投資は全般に言えることですが、いつ上昇するか誰にもわかりませんから、将来の成長を信じて成果が出なくても、一定期間投資を続けなければならないということです。

どんなに凄腕のファンドマネジャーでも、正確に株価が上昇するタイミングを当てることはできません。「そのうち、多分上がるでしょう」という程度のことしか言えないのが現状です。成功している長期投資家に聞いても、おそらくこのような返答しか返ってこないでしょう。

ですから、保有している銘柄が上がるまでじっと耐えなければなりません。中・長期の投資ではこうした状況があることは知っておいてください。

デメリットその3 “含み益”を確定できない

最後に、一番つらいのが**含み益の我慢**です。含み損であれば人間耐えられるようになっていますが、含み益を我慢するのは大変つらいものです。

しかし、利益を確定したい欲求を抑えないとテンバガー（10バガー）は狙えません。10バガーは「1.2バガー➡1.5バガー➡2バガー➡5バガー➡そして10バガー（最後の加速が激しいです）」のように、節目ごとに利益確定の売りを我慢しなければならないのです。

これに耐えられるかどうかは、“投資家脳”に切り替わっているかにかかっています。そして投資家の能力は後天的に身につけられるというのが私の持論で、継続して考え方を変えていけば、次第に頭が切り替わっていくものだと信じています。

第4章

さあ、成長株投資を始めよう

成長株とは何か？

さあ、お待たせしました、ここからは本題である成長株についてお話しします。そこで、そもそも「成長株投資とは何か」からお話ししましょう。

成長株投資とは、**「将来的に継続的に成長が見込まれる銘柄の中で、将来の価値に対して割安に株価が付けられている銘柄を探し出し、長期間保有することで、会社の成長による株価の大幅な上昇を享受する投資手法」**です。

まだ若くて実をつけないブドウの木を数年間保有して、ブドウを収穫できるようになるまで保有するといった感じです。ブドウは種から育てると、４年も５年も実をつけないこともあるそうですが、それでもじっくりと待つ。そんな心構えです。

時価総額としては**「300億円未満」**の株を狙います。大きく化ける成長株は株価上昇が開始した時点で当初の時価総額が300億円未満のことが多いからです。しっかりとした業績の裏付けを持っている銘柄を購入することで、長期的に見てリスクを限定しつつ、一発当てて株価が上昇するのを狙います。

成長株の上昇パターンを知る

まずは、成長株として大きく花開いた銘柄を見てみましょう。

GMOPG（GMOペイメントゲートウェイ、3769）は新型コロナウイルス禍中に株価の居所を一時的に下げたものの、そこから再度高値を取ってきています（次ページ参照）。

不思議なもので高い株はより高値で買われていき、安い株はいつまでたっても安いままです。

私は5年前からGMOPGを保有していますが、そのときの株価は1000円でした。現在の株価から見ると1000円は激安価格のように見えますが、当時から業績に対して割高な株で、高いなと思いつつ少しだけ乗ったのがこのような結果になっています。あとは今の成長速度でいけば配当だけでも10年間で元が取れるでしょう。

「ここで利益を確定して、次の銘柄を探せばいいのでは？」と考える人もいるかもしれませんが、これだけの大化け株でかつ機関投資家が恒常的にポートフォリオに組み入れるだけの業績の裏付けがある会社です。2万円、3万円と株価が上昇していってもまったく不思議ではありません。

しかも、売却するということはその分のお金で、GMOPG以上の成長性が高い銘柄を探し出して、売った分だけ全部買うというオペレーションを組まなければ売却した意味がありません。

もちろん、GMOPGが半値に下落することを待つという戦略も考えられるのですが、買い戻せないリスクを気にして、私は保有を継続しています。

また、このチャートを見て「買いにくいな」と思うでしょう。ところが、成長株のチャートはいつもこうした形をしているのです。**買いにくいチャートを示している**のが成長株の特徴です。

（コメント）業績が好調に推移していることを反映して、一貫して右肩上がりのトレンドを形成。過去の特定の時点で買っておけば……と思わせる株価の値動き。しかし、PERが100倍を超えることが常態化している割高銘柄で、指標面からは購入することにためらってしまう銘柄のため、どうしても購入するのには勇気が必要。安くなったところを買うというスタンスでは、なかなか買えない。

<table>
<tr><td colspan="2">3769 GMOペイメントゲートウェイ</td><td>現物売</td><td rowspan="2">770,475
(525)</td><td rowspan="2">19/01/04</td><td rowspan="2">468,000</td><td rowspan="2">+302,475</td></tr>
<tr><td>19/05/14</td><td>100株</td><td>19/05/17</td></tr>
<tr><td colspan="2">3769 GMOペイメントゲートウェイ</td><td>現物売</td><td rowspan="2">757,475
(525)</td><td rowspan="2">19/01/04</td><td rowspan="2">468,000</td><td rowspan="2">+289,475</td></tr>
<tr><td>19/05/20</td><td>100株</td><td>19/05/23</td></tr>
<tr><td colspan="2">3769 GMOペイメントゲートウェイ</td><td>現物売</td><td rowspan="2">1,109,592
(608)</td><td rowspan="2">20/02/25</td><td rowspan="2">748,600</td><td rowspan="2">+360,992</td></tr>
<tr><td>20/07/31</td><td>100株</td><td>20/08/04</td></tr>
</table>

勢いよく上がるときは押し目もなく上昇していきますが、ある程度上昇していくと上げが止まり、**「レンジ相場」**に入ります。

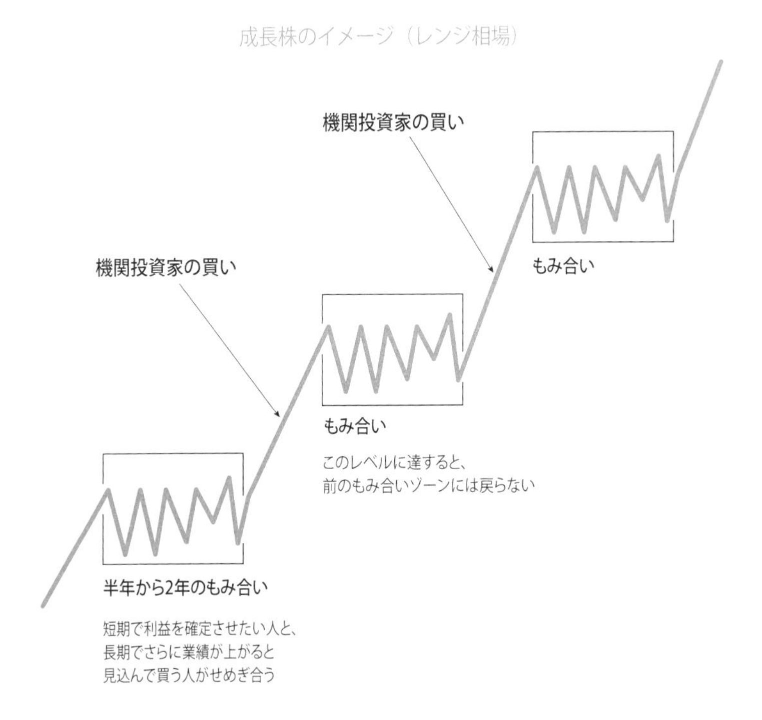

ある程度の価格帯をウロウロするようになるのです。

チャートを見ると数年前は横ばいでずーっと推移していて、急に上昇したように見えますが、横軸の線が今の株価を正確に表すために大き目に取ってありますので、その基準から見ると、株価変動が小さく見えるだけです。株価の絶対的な値幅は少なかったのですが、株価の変動率は同じように大きく動いています。

成長株に多くあるのは、たとえば500円の株が一気に1000円まで上昇したあと、800円～1000円の間でウロウロします。そしてそのもみ合いが1年〜2年ぐらい経過してから再度成長していくという感じです。

それにしても、なぜこのような現象が起こるのでしょうか？

これは私の推測ですが、**株主のバトンタッチが起こっているから**ではないでしょうか。つまり500円で購入していた株主が十分に値上がりしたと思って利益を確定するのに対して、さらに成長することを見込んだ株主が、その株を拾っていくプロセスがあるのです。

次第に株主が切り替わっていき、長期保有主体の機関投資家の投資対象になることにより株主が機関投資家中心になっていきます。そして、時間の経過とともに好決算が発表されて、それをきっかけとして**大口の機関投資家の資金が一気に流れ込み、株価を一段高いレベルに押し上げる**のです。

先ほどの例で言うと、1000円が一気に2000円まで上昇するようなイメージです。

このレンジ相場は**数カ月から数年に及ぶ**こともあります。株価だけ見ていると何も変わっていないように見えるのですが、優秀な役職員の毎日の努力により、実は会社の価値は絶え間なく向上しているのです。

利益水準が1年で10%上昇するような会社——営業利益が前年比10%で伸びるような会社——は、1カ月に直すと10%÷12＝0.83%。話を簡単にするために0.83%を1%とすると、毎月1%で株価の本質的な価値が増えていくようなものです。

株価は毎日横ばいではなく、マクロ経済の動向などの外部ノイズを受けて大きく上下に動きますから、その本質的な価値の変化というのは毎日の値動きのうちに占める割合としてはあまりにも小さいものです。

1000円の銘柄であれば、本質的な価値は1カ月で10円増えるというイメージです。これを1営業日に直すと1円にもなりません。いっぽうで、株価は毎日何円、何十円と動きますから目立たないのも当然です。

しかし、コツコツと業績が向上していくというプロセスが仮に2年続くと、本質的な会社の価値が1.1 × 1.1=1.21となりますから、以前と比べて、**株価が同じでも割安になってくる**のです。

この業績が上昇するにつれて、いつかは株価が上昇するというのを信じることができるかどうか。株価だけを見るとわかりませんが、本質的な会社の価値が増えていれば、どっしり構えておけばそれでいいのです。

もちろん自分の見通しが外れることも多分にありますが、それでも10分の1になるようなことはあまりなく、半値程度で再検討のめどが立つことがほとんどです。とすれば、値上がりしている銘柄の値上がり益でほかの銘柄の損失を十分補てんすることができ、トータルでは利益が出るのです。

成長株投資の過去の実績例

ダイフク（6383）、エフピコ（7947）も、先ほどのGMOPG同様、いずれも新型コロナウイルス禍中に株価を下げましたが、その後は成長株としての上昇を見せています。

冒頭で、私の現在の資産額をお見せしましたが、株式投資の資産の増え方は、85ページのイメージ図のようになっています。最初の頃は投資をしてもあまり増えていませんでしたが、何倍にもなる株が出てきてからは、資産額の伸びが急激になっていきます。

給料も増えてきてはいますが、それに伴って出費も増えているので相対的な豊かさは、給料だけ見るとあまり変わりません。やはり投資を続けていることこそが、資産が増えてきた要因です。

（コメント）コロナショックで強い銘柄には、以前よりも資金が集中しやすくなった。２年以上も横ばいの期間があったが、その後安値から２倍以上まで上昇。マテリアルハンドリングは地味だが、ECの普及などを追い風に成長する産業の１つ。

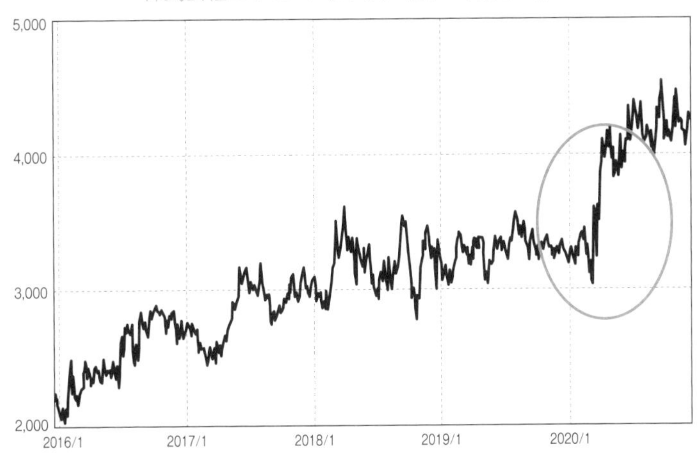

（コメント）地味ながらも、業績が安定しているので株価は成長。日々値動きを追いかけていても上がっている実感はない。しかし、じれったいからといって、保有していないと稲妻が輝くように株価が上昇する瞬間をとらえられない。

セミナー参加者の実績紹介

私だけの実績だけでは再現性がないので、実際に私の投資勉強会に参加されている方の投資成績も拝借してきました。最近の株価上昇に支えられて資産が増えてきている側面はありますが、それでも道中にはコロナショックがありましたし、なかなかの戦績です。

セミナー受講生Mさんの実績

信用建余力	詳細
信用建余力	196,773,977
現引可能額	18,754,933
委託保証金現金	18,754,933
代用有価証券評価額合計	42,245,000
詳細 / 代用有価証券	
評価損・決済損益・支払諸経費等合計	0
実質保証金（A）	60,999,933
建代金合計（B）	0
委託保証金率（A / B）× 100	--%
リアル委託保証金率	

買付余力	詳細
買付余力（2営業日数）	18,754,933
（3営業日数）	18,754,933

ポイント数	詳細
保有Tポイント	-- pt
うち期間固定Tポイント	-- pt
最短有効期限	----/--/--

保有資産評価	詳細
現金残高等	18,754,933
株式	78,308,650
計	97,063,583

私と同じように勉強会で銘柄の研究をしていても投資の成果が異なります。株式投資は、最終的にはオリジナルの投資法になります。投資を始める時点での資産額も違うし、目標とする金額も違います。毎月投入できる金額も違えば、リスクをどれだけ受け入れられるかも人によって異なります。ですから、同じように取引していてもオリジナルの要素が入ってきます。

ただ、基本的には長期投資で、企業の成長を見届けるという投資方法であれば、ストレスなく投資できると見ています。

郵便はがき

料金受取人払郵便

牛込局承認

2000

差出有効期限
令和4年5月
31日まで

162-8790

東京都新宿区揚場町2-18
白宝ビル5F

フォレスト出版株式会社
愛読者カード係

フリガナ お名前	年齢　　　　歳 性別（ 男・女 ）
ご住所　〒 ☎　　（　　　）　　FAX　　（　　　）	
ご職業	役職
ご勤務先または学校名	
Eメールアドレス メールによる新刊案内をお送り致します。ご希望されない場合は空欄のままで結構です。	

フォレスト出版の情報はhttp://www.forestpub.co.jpまで!

フォレスト出版　愛読者カード

ご購読ありがとうございます。今後の出版物の資料とさせていただきますので、下記の設問にお答えください。ご協力をお願い申し上げます。

● ご購入図書名　「　　　　　　　　　　　」

● お買い上げ書店名「　　　　　　　　　　」書店

● お買い求めの動機は?

1. 著者が好きだから　2. タイトルが気に入って
3. 装丁がよかったから　4. 人にすすめられて
5. 新聞・雑誌の広告で(掲載誌誌名　　　　)
6. その他(　　　　)

● ご購読されている新聞・雑誌・Webサイトは?

(　　　　　　　　　　)

● よく利用するSNSは?(複数回答可)

□ Facebook　□ Twitter　□ LINE　□ その他(　　　　)

● お読みになりたい著者、テーマ等を具体的にお聞かせください。

(　　　　　　　　　　)

● 本書についてのご意見・ご感想をお聞かせください。

● ご意見・ご感想をWebサイト・広告等に掲載させていただいてもよろしいでしょうか?

□ YES　□ NO　□ 匿名であればYES

ポートフォリオ

株式（現物特定預り）

	保有株数	取得単価	現在値	評価損益
2150 ケアネット				現買 現売 信買 信売
	100	4,053	4,865	+81,200
2303 ドーン				現買 現売 信買 信売
	500	2,120	3,760	+820,000
2326 デジアーツ				現買 現売 信買 信売
	100	9,536	9,470	-6,600
2477 手間いらず				現買 現売 信買 信売
	600	3,990	5,020	+618,000
2492 インフォマート				現買 現売 信買 信売
	2,000	726	950	+448,000
3134 Hamee				現買 現売 信買 信売
	2,500	1,186	1,877	+1,727,500
3150 グリムス				現買 現売 信買 信売
	2,000	1,220	2,167	+1,894,000
3433 トーカロ				現買 現売 信買 信売
	500	1,291	1,421	+65,000
3491 GA TECH				現買 現売 信買 信売
	700	3,082	3,110	+19,600
3565 アセンテック				現買 現売 信買 信売
	800	1,326	1,780	+363,200
3645 メディカルネット				現買 現売 信買 信売
	5,000	883	984	+505,000
3769 GMOPG				現買 現売 信買 信売
	100	7,416	13,370	+595,400
3830 C－GIGA				現買 現売 信買 信売
	200	2,332	1,937	-79,000
3923 ラクス				現買 現売 信買 信売
	1,800	674	2,225	+2,791,800
4053 サンアスタリスク				現買 現売 信買 信売
	100	2,811	2,265	-54,600
4248 竹本容器				現買 現売 信買 信売
	500	987	981	-3,000
4345 シーティーエス				現買 現売 信買 信売
	500	919	933	+7,000
4348 インフォコム				現買 現売 信買 信売
	400	2,615	3,290	+270,000
4384 ラクスル				現買 現売 信買 信売
	200	5,000	4,420	-116,000
4389 プロパティ DBK				現買 現売 信買 信売
	400	2,075	1,764	-124,400
4397 チームスピリット				現買 現売 信買 信売
	500	1,604	1,891	+143,500
4399 くふうカンパニー				現買 現売 信買 信売
	1,100	1,481	726	-830,500
4443 Sansan				現買 現売 信買 信売
	200	4,238	6,660	+484,400
4480 メドレー				現買 現売 信買 信売
	200	1,277	4,570	+658,600
6086 シンメンテ HD				現買 現売 信買 信売
	3,000	764	697	-201,000
6200 インソース				現買 現売 信買 信売
	700	1,192	1,625	+303,100
6254 野村マイクロ				現買 現売 信買 信売
	2,000	1,952	3,280	+2,656,000
6533 オーケストラ HD				現買 現売 信買 信売
	200	1,618	2,172	+110,800
6564 ミダック				現買 現売 信買 信売
	90	1,690	3,045	+121,950
6628 オンキヨー HE				現買 現売 信買 信売
	1,100,000	19	15	-4,400,000

（以下、省略）

老後2000万円のシミュレーション

老後は2000万円不足する……2019年6月に金融庁が公表したレポートのなかで示されたこの数字が、一時マスコミに取り上げられ**「2000万円問題」**として話題となりました。

あれだけ取り上げられるということは、2000万円を貯められる人もいれば貯められない人もいるという金額であること、そして2000万円が貯められれば、老後の生活が安定するという微妙なラインだからでしょう。

では、成長株投資でどれくらいの期間をかければ2000万円を達成することができるのかを再びシミュレーションしてみましょう。

私と同世代、38歳の男性が手持ち500万円で投資を始めて、20年後の58歳で2000万円の資産をつくることを目標とします。差額の1500万円を株式投資で増やすのです。毎月投入する金額は3万円、つまり1年間で36万円ずつ入金することとします。その結果は以下の通りとなります。

成長株を見つけて投資し続ける。そして、入金し続ける。本書を読んだあなたがやるべきことはもうそれだけです。老後資産を貯めることが目標ならば、不安をあおるマスコミはシャットアウトして、いかに毎月3万円を投資するか、このことだけにフォーカスしてください。不安をあおるマスメディアの記事を読んでも、不安が広がるだけで何らの解決案にもなりません。

もっとも、現実にはきれいな上昇曲線を描くことはありません。むしろ以下のようなグラフになります。

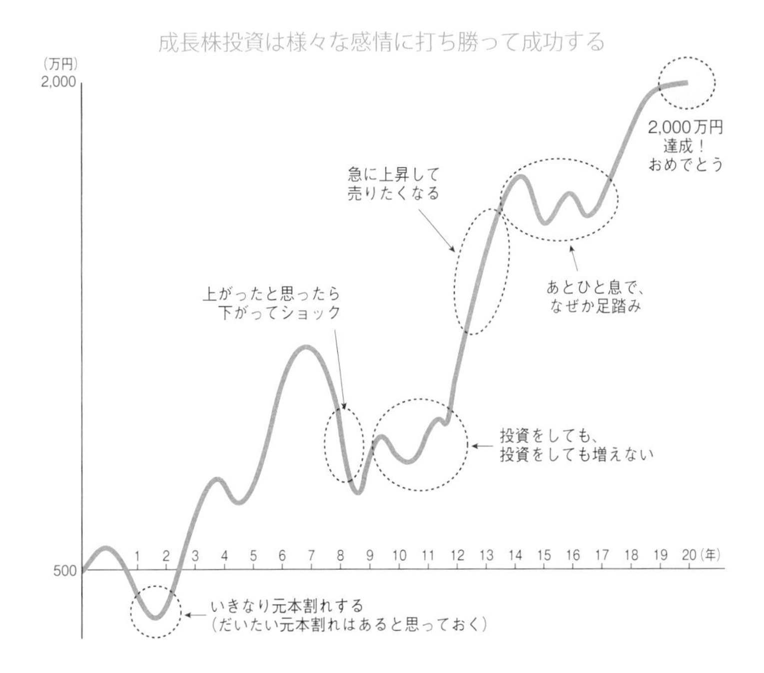

私が資産を増やしてきたときも、図で示したような心理状態を乗り越えながら投資を続けてきました。とくに、株価が下落したときには積み立てた金額が瞬時に値下がりで溶けていくような感覚を覚えます。１年、２年と投資した金額が増えないと感じることもあるでしょう。こうした場面は必ず訪れますから、あらかじめ心の準備をして投資に臨んでください。

漠然と2000万円と聞くとどうやって資産形成すればいいのか

わからないかもしれませんが、何年でいくら増やすと決めれば**逆算して自分が毎月いくら投資を追加すればいいい**のかがわかってきます。あなたが20年後に2000万円という資産を株式投資でつくれるかどうかは、毎月３万円、毎日に直せば1000円の積み重ねなのです。

500万円を元手に、20年で毎月３万円の投資で2000万円をつくる

初年度	500万円	11年目	1267万円
2年目	561万円	12年目	1367万円
3年目	625万円	13年目	1471万円
4年目	692万円	14年目	1580万円
5年目	763万円	15年目	1696万円
6年目	837万円	16年目	1816万円
7年目	915万円	17年目	1943万円
8年目	997万円	18年目	2076万円
9年目	1082万円	19年目	2216万円
10年目	1173万円	20年目	2363万円

※年利５%で複利運用できた場合とする。
※千円単位は四捨五入。

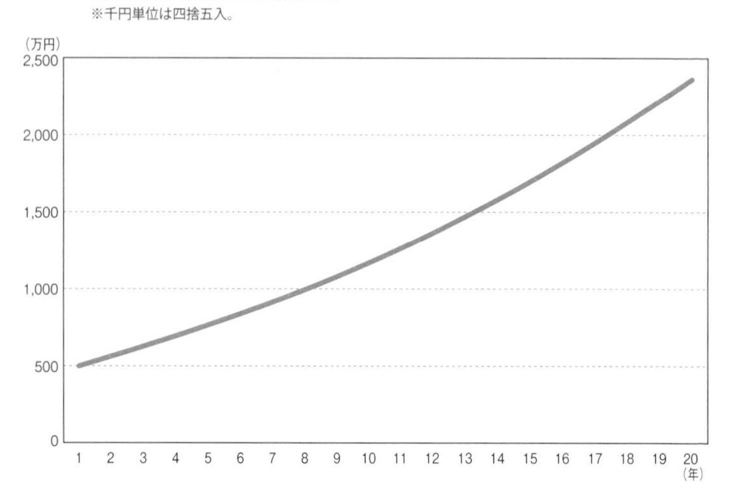

テクニカル分析はどれだけ勉強すべきか？

テクニカル分析が得意な人と苦手な人がいます。私は苦手なのでやっていません。得意な人は投資に役立てればいいと思います。ただ、テクニカル投資の素人である私が、テクニカル分析で１つ言えることは、唯一万能なテクニカル分析はなく、様々な売買要素の中の１つの参考として利用しているということです。

また、テクニカル分析で儲かる投資手法は、常に変化し続けている相場の中で一定の時間しか機能しません。行きすぎた株価の修正パターンを見つける方法を開発する必要があります。しかし、自分がその歪み（ひず）を埋めなくとも、他人がいつかは埋めるものです。

つまり、テクニカル分析で儲かる技術が見つかっても、他人に教えることは即収益の減少につながりますから、他人が教えてくれるわけがありません。

必然的にテクニカル投資は相場師の世界の孤独な戦いになります。相場に向き合う時間が取れなければ、取り組むのが難しい取引手法です。

また、テクニカルアナリストの意見は、ファンダメンタル分析をするアナリストにも増して無責任なので、聞く価値はありません。

ファンダメンタル分析でもテクニカル分析でも同じことですが、分析した通りに株価が動くのであれば、アナリストなんて商売をしていません。アナリストは、売買させる側の人間です。仕掛ける側の人間です。投資にかぎらないことですが、世の中は仕掛ける側と仕掛けられる側がいるということは意識しておいてください。

第5章

成長株投資に挑戦してみよう

成長株の探し方

インターネットのおかげで、あらゆる情報が公開されている時代、銘柄を探すこと自体、実は簡単です。銘柄の知識を得たあとは、自分なりに消化するプロセスが欠かせません。

「なぜその株を購入するのか」「どういう見通しで株を保有しているのか」など、最初はその考えが他人からの借りものでもいいのですが、自分自身の考えとして腑に落ちていないと、いつまでも自立した投資家になることはできません。とはいえ、銘柄が見つからなければ始まりませんから、私が参考にしている５つの方法をお伝えします。

1 証券会社のスクリーニング機能

証券会社は現在スクリーニング機能を進化させています。以前は自分で条件を打ち込んで、銘柄を自ら探す必要がありましたが、今ではそこからお客様のほうに歩み寄ったサービスを展開しています。

高配当銘柄、成長株銘柄、割安銘柄と投資家が好んで検索しそうな条件をあらかじめ用意しておいて、ボタンをクリックするだけで、検索しようとしている投資家の好みに合った銘柄が表示されるようになっているのです。

たとえば、SBI 証券でトップページからスクリーニング機能を選択すると、**すでに成長株の条件を満たすような銘柄をスクリー**

ニングするための条件設定が終わっており、あとはその成長株のボタンを押すだけで検索ができます。

検索が終わると候補先の銘柄が出てきます。なかには、私が注目している銘柄も出てきます。これらの銘柄のうち、気に入った銘柄に投資すればそれで成長株投資ができてしまいます。

2 個人投資家のブログ、YouTube、Twitter

最近では本当に多くの人が、株式投資に関する情報を発信するようになりました。そして、以前はブログだけで発信されていた情報だったものがYouTubeやTwitterでも盛んに発信されるようになっています。

先ほどお話ししましたが、今私は自分の考えを大切にしたいのであまりSNSを見ませんが、初期の段階では成功している投資家の考えに触れるのは大事です。投資スタイルによって役立つ、役立たないというのがあるので、実際にご覧いただくのが一番わかりやすいかと思います。

また、情報発信者は基本的には自分の利益になるように情報発信しているので、**ポジショントークになっている**ことには気を付けてください。

株式投資にかぎったことではありませんが、SNS上の個人による情報発信は客観性がなく、情報発信者の主観が強く入り込んだメディアです。

こうした情報を吟味するときに１つ材料となるのは、**その情報が正しいかどうか**というチェックです。その意味では、本を出版しているかどうかというのは１つの目安になるかもしれません。

というのも、ブログやSNSを通じた情報配信は基本的に自分だけで完結しますから、内容が不正確であっても誰もそれを確かめるすべがないのです。

なかには、少し盛っている程度ならまだしも、まったく株式投資で儲かっていないのに、儲かっているふうに装っている人がいます。以前よくテレビに出ていた某年2億円稼ぐという触れ込みのトレーダーがいましたが、情報商材を購入した投資家とのいざこざがあり、裁判で稼いでいないことが証明されてしまいました。

仮にその人が本物で、儲かっている証拠を示せるとすれば、出版している本でもその証拠を出せたはずですが、どうやら証拠を挙げているフシはない。株式市場で儲けたというスタンスで長いこと情報配信をしているならば、その証拠を見せればもっと説得力が増すのにそれができないというのは、最初から疑わしかったのです。

いっぽう、株で儲けたというスタンスで出版をしているということは、その人が儲けた証拠を出版社に開示しているということです。出版社は著者が儲けている証拠を見せられなければ、成功した投資家というスタンスで出版することはないでしょう。その意味で、**本とは「儲けた」という自作自演ができないメディア**ではあるのです。

信頼性があるという意味では、何も商業出版に限りません。『日経ヴェリタス』や『ダイヤモンドzai』等の著名投資メディアに取り上げられている場合も、編集者による成績の裏取りが入っていますから、ある程度信用できると言えます。

とにかく、インターネットの情報は玉石混淆(こんこう)です。個人の情報発信はその傾向が強いので、決して書かれていることがすべて真実だと思わないでください。私が今お話ししているこの内容だって、半分は怪しいくらいの気持ちでとらえてちょうどいいのです。

3 投資信託の月次報告書

私のセミナーでは、**「みんなの株式」**(https://itf.minkabu.jp/)の投資信託サイトを参考にして評価の高い投資信託を探し、注目している投資信託が組み入れている銘柄を気軽に探すことをしています。

みんなの株式ホームページ

ここで面白そうな投資信託だな、成績がいい投資信託だなと思ったら、さらにその投資信託が解説しているコーポレートウェブサイトに飛んで内容を確認します。投資信託を運用している会社は金融商品取引法という厳しい法律によって、正確な開示規制が要求されているので、発信している情報がウソかもしれないという心配はしなくて大丈夫です。

ただ、投資信託という特性上、あまり絞り込めないという特徴があります。組み入れ比率を見ても、１つの銘柄を10%も組み入れているファンドはあまりないでしょう。１億円をお客様から預かっているとしたら、1000万円を１つの銘柄に投資するということはありません。

組み入れは、多くても２%から３%、どんなに自信があっても５%程度だと思います。それは、なるべく投資信託としてリスクを抑えながら、日経平均株価やTOPIXといったインデックス指標を上回りたいというファンドマネジャーの知恵なのですが、もう１つは、第１章で述べたように、いざというときに市場価格に影響を与えないように売買するために、それぐらいの組み入れ比率に落とさざるを得ないという事情もあります。

個人投資家は投資金額の10%を１つの銘柄に入れたところで市場へのインパクトはありませんから、投資信託のように分散しなくてもかまいません。機関投資家の都合を知ると、彼らがなぜここまで分散投資をしているのかがわかりますし、必ずしも個人投資家がマネする必要もないということもおわかりいただけるかと思います。

さて、参考になりそうな投資信託が見つかったら、実際に投資信託のウェブサイトを訪問して**「運用レポート」**を読んでみましょう。運用レポートにはだいたい１カ月遅れの投資信託組み入れ銘柄の上位10銘柄が記載されていますので、その銘柄リストから好きな銘柄に投資してしまうのです。

また運用レポートは、何も組み入れている銘柄だけを知るために読むものではありません。その投資信託がどういう基本方針で投資先を選定しているか、この先のマーケットをどのように読んでいるかなどを参考にするのです。

アナリストではなく、実際に**ファンドマネジャーが購入している銘柄や購入するにいたったコメント**が記載されていることもあります。このコメントは、私はアナリストの意見よりも重く受け止めています。どちらつかずのアナリストのコメントではなく、銘柄を組み入れるというのは、その選択に責任が伴う行為だからです。

運用レポートの中で、私が好きなのは「ひふみ投信」の運用レポートです。といいつつ、ひふみ投信を保有しているわけではないですが、ちゃっかり運用レポートや、同社の公式 YouTube チャンネルも拝見しています。

同社社長の藤野英人氏はこの業界で 30 年間生き残ってきた名うてのファンドマネジャーで、著書も何冊も出版されています。経済関係だけでなく、歴史や政治に関する深い見識にはいつも圧倒されますが、かといって堅苦しい内容ではなく実務者らしく、個人投資家にも役立つような視点でわかりやすくまとめています。

それにしても、これだけの経験をわずか 1000 円強の本で手軽に読めてしまうのですから、本というのは素晴らしいメディアだと思います。あなたも気になった分野があれば、入門書を１冊、２冊と読んでおくと理解が深まります。

4 新聞、株式投資の雑誌、オンラインメディア、本の見方

あくまで銘柄に出会うための情報源です。どの雑誌も短期的な投資を主眼とした投資家向けに書かれていますので、長期投資家

から見て有益な情報ではないことも書いてあります。

長期投資、短期投資、デイトレ、株主優待狙い、配当金狙い、初心者、テクニカルなど、それぞれの読者層が興味を持って読んでくれる内容にまとめないと売上げが立たないので仕方がありません。

東洋経済新報社、ダイヤモンド社、プレジデント社などの経済系雑誌も参考になります。ただし、自分の知らない業界についての株価の見通し、金利の見通しなどの予想ページは時間の無駄になってしまうので読み飛ばします。こうした雑誌は、あくまで銘柄を知るための参考資料です。

雑誌は、以前は紙媒体で読むのが普通でしたが、今や便利な電子媒体がありますので、いちいち買わなくてもいいので便利です。最近は「dマガジン」や「楽天マガジン」など400円も出せばこうした雑誌を読むことができるので、1カ月ぐらい試してみるのもいいでしょう（日経新聞や、日経ヴェリタスは別にお金がかかります。四季報オンラインも有料版は別途料金がかかります）。

また、**企業のオーナーが書籍を出版している**場合は読んでみてもいいでしょう。それも側近の人が書いたものではなくて、本人名義で出版している本がお勧めです。

5 実際に自分が使っているサービスは活用する

ここまでは、他人の目利き、数字のスクリーニングで銘柄を探す方法を紹介してきましたが、**自分で利用しているサービスから投資ヒントを得る**というのも有効な方法です。

伝説の米国株ファンドマネジャーであるピーター・リンチ氏も、消費者目線で銘柄を探すことで、ウォール街の金融マンを打ち負かすことができるという主張をしています。

私の場合は、Hameeで買い物をするうちに、この企業自体に興味を持ったことが投資するきっかけでした。こうした生活者目線での投資手法は、どちらかというと消費者向けのサービス業、B to Cに当てはまるものです。事業者向けのサービス業、B to Bでは自分が働いている業界であれば勘所が働くでしょうが、それ以外の業界であれば勉強が必要になるからです。

こういうと難しいと感じる方もいるかもしれませんが、世界中の人々が利用しているGoogle、Amazon、Facebook、Apple、Microsoftといった会社のサービスは、私たちがすでに10年以上も利用しているはずです。株価が上昇する、すなわち時価総額が増えていく銘柄はそれだけ人々にたくさん利用されますから、私たちが消費者としてサービスを利用する機会も増えるのです。

伸びる会社を探すヒントは、いつも自分たちの身の回りに転がっています。それを投資と結び付けて考えられるかどうか。私もまだまだですが、新しい物事には好奇心を持ち続けることが大切です。

さらに、CMでよく流れている企業に注目するのもポイントです。CMを流す理由は、その番組を見ている視聴者に対して自社製品をアピールすることでCMにかかる広告宣伝費をまかなって余りある売上げ増加の効果が見込めると会社が判断しているからです。

テレビのCMは衰退傾向で、代わってインターネットの広告が台頭してきていますが、インターネット広告は基本的に見たい人にしか表示されないので、自分の興味がある分野以外のCMを目にすることはありません。たとえば、私の場合はあまり美容に興味がありませんので、何時間インターネットを見ていても、美容の広告は表示されないのです。

いっぽう、マス層に幅広く見てもらうことを目的としたテレビCMは、自分の興味がある分野以外も見ることができるという意味で投資に役立つかもしれません。最近では、「出前館」や「めちゃコミック」のCMがよく流れています。

めちゃコミックを運営しているのはインフォコム（4348）という会社です。帝人（3401）を親会社に持つこの会社はB to B、B to C事業を展開しており、B to C分野の電子コミック配信事業は、昨今のコロナウイルス禍を受けて大きく伸びています。

インフォコム株式会社（4348）情報・通信　東証1部

（コメント）2020年4月の緊急事態宣言以降、人々が自宅で過ごす時間が増え、電子マンガ需要は増加。電車でもはや紙の雑誌・漫画を読んでいる人は見かけない。漫画に興味関心がないと、このような世の中の変化に気づきにくい。

総じて言えることは、**様々なことに興味を持ち続ける**ことです。株価が伸びるというのは、今までになかったサービスで事業者や消費者の心をとらえて、売上げを伸ばしていくということですから、新しいもの、変化に注目することで、投資ヒントを探していけるのです。

成長株銘柄を探す５つの条件

成長株の探し方について見ていきましょう。成長株を探すステップとしては、以下の５つの条件を私は参考にしています。

◆成長株を探す５つの条件

1. オーナー企業であること
2. 上場10年未満であること
3. ビジネスモデルがユニーク
（10年後も必要なサービスを提供している）
4. 時価総額300億円未満の企業
5. 増収増益を続けている

1. オーナー企業であること

❶オーナー企業とは

オーナー企業とは、創業者およびその一族が株式の多数を握っており、オーナーの意向で自由に会社の意思決定を下すことができる企業のことを言います。株式の保有構造が分散しており、究極的な支配者がいない大企業はこの対極です。

オーナー企業は、**どんなに事業が大きくなっても意思決定がスムーズにできる**のがメリットです。というのも、オーナー企業は最後に責任を取るのがオーナー自身なので、思い切った設備投資や方向転換ができるからです。

経営者の思いを実際に会社としての行動に移すというのは、簡単そうでいて難しいものです。株を持っていないと社内の有力者から合意を取り付けるという社内の調整が必要となりますが、オーナー企業はその必要はなく、いわゆる鶴の一声で片付きます。

もちろん、オーナーの独断が裏目に出ることもありますが、全責任を負って勝負をして結果を出してきたオーナーの感性のほうが、なんら失敗しても失うもののない一般の従業員よりも優れていることのほうが多いと私は考えています。

いっぽう、大企業ではとにかく意思決定が遅いことが挙げられます。社員は出世競争をしていますから、ライバルを蹴落とすため、自分の手柄にならないような面倒なことはなるべく手掛けたくないという心理が働きます。部下が面白い提案を持ってきても、上司は自分の出世に不利になるプロジェクトと判断すれば、なるべくやりたくないのです。

証券関係のビジネスで言えば、大手の会社はなかなかFXや仮想通貨には踏み出せません。FXや仮想通貨を積極的に導入したのはDMM.com証券やGMOインターネット(9449)といったオーナー系の新興勢力で、それに追い付くように一部のネット証券が導入してきました。

これからも新サービスが出てきたときに導入が早いのはオーナー系の企業です。変化の激しい時代に思い切った変化ができるのは、とにかくオーナー企業なのです。

❷株が上がった企業はオーナー企業が多い

オーナーの思い入れの深さは株価にも表れています。日本では、一代で大きく株価を伸ばした企業と言えば、ソフトバンクグループ（9984）、楽天（4755）、ファーストリテイリング（ユニクロ、9983）、ニトリホールディングス（9843）、日本電産（6594）、エムスリー（2413）などが挙げられるでしょう。

世界に目を広げれば、アマゾン、アルファベット（グーグル）、マイクロソフト、フェイスブックなどが挙げられます。かつてはアップルもオーナー企業でしたが、実質的なオーナー社長であったスティーブ・ジョブズが2011年に亡くなったことにより、非オーナー企業へと変わりました。

もちろんオーナー企業以外でも素晴らしい企業はたくさんありますが、企業が大きくなって大きな力を持つ指導者がいない会社はどうしてもダイナミックな戦略を打ち出すことができず、成長が鈍化しがちです。

ここまで大きくなる会社は、それこそ指折り数えるくらいしかありませんが、もう少し小さい会社であれば成長していく過程をとらえて、2倍、3倍になる銘柄を見つけるのはそこまで難しいことではありません。

❸オーナーは、投資家と利害が一致する

また、オーナーは**事業の成果が自分の資産に直結**します。IPO

時（新規上場時）以外はオーナーが株式を売却する機会が限られています。

たしかに、法律上は手続きを守れば売ることもできます。とくに株主を増やしたいときには大義名分がありますので、株式の売り出しで創業者の株式を売却することがあります。不特定多数の人に株式がわたれば、それだけ売買してもらう機会が増えるからです。

しかし、株式の売却は持ち株比率が下がり、経営が不安定になるリスクを抱え込むために、必要以上には持ち株を売れないものです。ですから、オーナー一族は銀行預金代わりのように持ち株を売却して現金を得ることはできず、会社の業績を増やして配当金を増やしていかないと、所得は思いのほか増えないのです。

これが雇われ社長だと、役員報酬はだいたい決まっていますから、業績を向上させてもオーナー社長ほどの利益はありません。

近年では、インセンティブを与えるため自社株で役員報酬を支払う会社も多くなっています。譲渡制限付株式という制度で、これが次々と上場会社に導入されています。ざっくり言うと、役員報酬の一部分を現金に換えて自社株で支払う制度で、在任期間中は売却できないし、もし途中で辞職すると権利を失ってしまうという設定になっています。

とはいえ、莫大な資産ではないのでやはり創業者社長とは違うし、何より会社に対する思い入れが違います。出来上がった仕組みの中で出世レースを勝ち抜いて社長になった人と、ワンルームマンションで起業して、何十年もかけて修羅場を何度もくぐり大企業に育てた人では思い入れが違うのは、私のような素人でもわかる話です。

❹共感できる経営者を探す

オーナー社長はみな魅力的です。事業を構築するだけの想像力、さらに待遇が悪くとも多数のスタッフのモチベーションに火を付けて引っ張っていくリーダーシップ、裏切りや市況悪化による経営危機で追い詰められても乗り切る精神力、徹夜続きでもへこたれないズバ抜けた体力、何より上場までこぎつけるという強運を持ち合わせていなければなりません。

ですから、経営者はみな魅力的です。ありもしないほら話を、いかにも実現させるというふうで言いふらし、実際に実現してきたのがオーナー社長です。

そこでオーナーを見て、**どんなタイプのオーナーならば共感できるのか**を見ながら投資していくといいのです。

社会の問題をビジネスで解決することを前面に押し出すタイプか。営業やマーケティングが得意で、とにかく数字を達成する管理型なのか。技術者たたき上げの社長なのか。どのタイプがいいということはありませんので、社長の顔が見える会社の株を買うことをお勧めします。

具体的には、YouTubeで上場時や鞍替え時のインタビューをやっているので、それを参考にするほか、四半期決算の会社説明などから目に見えない情報を探してみてください。

よくベンチャー企業は強烈な社長の個性が残り、独特な社風が形成されると言いますが、そうした社風は上場時にはまだ残っているものです。残業をいとわないモーレツ営業社風だったり、サークル風の雰囲気が残ったりします。

たとえば、京セラ（6971）などは大企業ですが、稲盛和夫会長の唱える京セラフィロソフィーが話題になりますよね。ヌルい会社で育った私など、到底ついていけそうにありません。

それでは、どうやってオーナー企業かどうかを見分ければいいのでしょうか。社長の名前が大株主の一番上にきている場合は、すぐに創業者とわかるのですが、オーナーの管理会社名義でオーナーが持ち株を保有しているケースもあります。ロック・フィールド（2910）の社長は岩田弘三氏ですが、大株主欄の一番上には㈱岩田という会社がランクインしています。これは明らかに**社長の資産管理会社**です。

2. 上場10年未満であること

上場10年未満の会社は、経営者も若く柔軟に新規業務を生み出しますから、大化けの可能性が高いという期待を込めています。成長株は基本的に右肩上がりで推移しますから、なるべく最初の段階でつかんだほうがいいということです。

会社は新規業務を生み出す、M&Aで他社を吸収合併するなどして成長していきますから、**財務諸表には表れないポテンシャルを発揮するために十分な時間が必要**です。

しかし、私は新規公開株を原則として購入しません。新規公開株でそのまま株価が上昇し続けるパターンもありますが、多くの場合でプレミアムがはげ落ちて下落していくことが多いからです。

IPOの値付けは、最初は期待で成り立っていますが、そのうち期待がはげ落ちて実力が評価されるようになります。それには数年の時間がかかります。じっくり収益が高まっていくのを見極めてから途中で投資しても十分間に合いますし、その時点で自分には買えないなと思ったら買わなくてもいいのです。

しかし、多くの人は上がった銘柄だけを見て、「この銘柄に投資していれば儲かったのに」と都合よく想像してしまうのです。勢いよく上がった銘柄だけを持ち続けるという芸当は、とても素人投資家にはできないのにもかかわらずです。

仮に勢いよく上がってしまった銘柄に投資しそこなったとしても、**下がった銘柄に投資しそこなう**ほうを私は選びます。仮に割高のまま上昇し、投資チャンスがなかったとしてもご縁がなかったということで、次の機会を待つしかありません。

3. ビジネスモデルがユニーク（10年後も社会に必要とされている会社）

あなたが狙うのは、知る人ぞ知る会社で、今後もしばらく成長が続くことが予想される会社です。そこで、**独特のビジネスモデルで参入障壁を築いているか**を確認します。

これは、世界一の投資家であるウォーレン・バフェット氏も著書で話しており、「競合他社の攻勢から守ってくれる参入障壁が深ければ深いほど、企業は稼ぎ続けられる」というもの。どんなビジネスでも他社が儲かっているのであれば新規参入企業が出てきます。すでに成功しているビジネスモデルがあるわけですから、そこにひとひねりを加えてマーケットを取るというのは、後発で資金力のある企業の常とう手段です。
ですから、今儲けている企業はどうやってマーケットを拡大しながら自社のビジネスを伸ばしていけるか、強力な企業が入ってくるのを防ぎながらどうやってビジネスを強くしていくかを考えているのです。

たとえばオプティム（3694）は、**「特許」**という形でそれを守っています。エニグモ（3665）は**「顧客」**という形で守っています。
上場後の会社は、倒産するかどうかというステージは乗り越えて、継続的に利益を生み出すだけの企業体力をつけています。また、そうでないと証券取引所も上場を認可しません。ただ、何もしなければライバルが入ってしまうだけです。
また、10年後も世の中にとって役立つサービスを提供しているかどうか、という観点で会社を見るのも大切です。
たとえば、エラン（6099）という会社があります。この会社は、**高齢化をテーマに入院のためのセット**を提供しています。同社のサービスは患者からすると、家族や親戚にそのつど着替えを頼まなくてもいいですし、病院から見ても楽なのです。今までありそうでなかった便利なビジネスを武器に、売上げを増やしています。

これからは身寄りのない高齢者が増えることは高い確率で発生する事実です。世帯数が増えており、老人が増えているのですから必然的にそうなるでしょう。体が弱いお年寄りが入院した際に、数少ない家族が見届けるのは大変になりそうです。

（コメント）どんなに成長性があるように見える銘柄でも、横ばいの期間はあり、その期間を耐える必要がある。エランの例では２年間（2018年７月～2019年７月）がレンジ圏で推移。

また、高齢者向けの宅配弁当を届けるシルバーライフ（9262）も10年後も生き残っているでしょう。

同社は参入障壁として広範なネットワークの構築、工場での大量生産と冷凍設備によってコストを削り、業界最低水準で高齢者向け弁当を提供しています。

お弁当をつくるだけですから新規参入は簡単そうです。しかし、年金暮らしのお年寄りが毎月の年金から無理なく払える金額まで下げてお弁当をつくるのは、大量生産と独自の配送網を整備していないとうまくいきません。

各市町村の拠点地域に持ってくるのは容易ですが、そこからのラストワンマイル（各消費者に届ける）までくまなく整備して、初めて安い値段で提供できるようになるのです。

（コメント）コロナショック時点の手前で手放すが、落ち着いてきたところで買い戻し。短期的には、宅配弁当を全国に宅配するためのロジスティクスをするための先行投資が続く。今後も高齢者が増加することは人口動態から確定しており、同社のマーケット先行きは明るい。あとは競合他社との価格競争に勝てるかがポイント。

<table>
<tr><td colspan="2">9262　シルバーライフ</td><td>現物売</td><td rowspan="2">238,968
(132)</td><td rowspan="2">19/10/10</td><td rowspan="2">297,600</td><td rowspan="2">-58,632</td></tr>
<tr><td>20/02/18</td><td>100株</td><td>20/02/20</td></tr>
<tr><td colspan="2">9262　シルバーライフ</td><td>現物売</td><td rowspan="2">239,165
(134)</td><td rowspan="2">19/12/12</td><td rowspan="2">297,600</td><td rowspan="2">-58,435</td></tr>
<tr><td>20/02/18</td><td>100株</td><td>20/02/20</td></tr>
<tr><td colspan="2">9262　シルバーライフ</td><td>現物売</td><td rowspan="2">239,165
(134)</td><td rowspan="2">20/01/21</td><td rowspan="2">297,600</td><td rowspan="2">-58,435</td></tr>
<tr><td>20/02/18</td><td>100株</td><td>20/02/20</td></tr>
<tr><td colspan="2">9262　シルバーライフ</td><td>現物売</td><td rowspan="2">239,167
(135)</td><td rowspan="2">19/11/25</td><td rowspan="2">297,600</td><td rowspan="2">-58,433</td></tr>
<tr><td>20/02/18</td><td>100株</td><td>20/02/20</td></tr>
</table>

先ほどのエランと同じく高齢者に対するサービスは今後伸びる一方ですから、参入障壁を持ちながらビジネスを提供できて、時流に乗る会社は成長する可能性が高いのです。

これから日本に起こることでビジネスチャンスになりそうなのは、高齢者の対応だけではありませんが、人口動態で高齢者が増えるのがわかっている以上、これらのサービスの需要は大きいはずです。もちろん、どのような参入障壁を築いているかということを確認したほうがいいことは言うまでもありません。

また、競争が激しくない業界も狙い目です。今儲かりそうな業界、伸びている業界には多額の資金が入ってきますし、優秀な人も次々入ってきます。

AI関連、ブロックチェーン、仮想通貨、オンライン医療、クラウドサービスなどの業態には、ベンチャーとして成長していても強力なライバルがいつ入ってくるのかわからないのです。

地味な業界を選ぶと、ライバルが入りづらいというメリットがあります。儲かりそうでなければ大手は入ってきません。逆に、衰退産業と思われている業態だからこそ伸びている会社もあるのです。

たとえば、ピックルスコーポレーション（2925）は、業界が縮小しているキムチ業界でトップの成績を残しています。

大規模な業者がいないために競争が激しくありません。「ごはんがススムくん」などの商品だけで、しばらくは成長することが見込まれます。

キムチのCMで同社以外のCMを私は見たことがありません。とすると、全国的なテレビCMを流すだけの体力がある漬物の会社はそう多くないことがわかります。こうした状況で同社は業績を確実に伸ばし続けています。

株式会社ピックルスコーポレーション（2925）食料品　東証１部

（コメント）漬物市場自体は縮小を続けており、強力なライバルがいないなか、数少ない全国展開ブランドとして残存者利益を獲得している。競合他社が弱ければそれだけ業績を伸ばしやすい。

4. 時価総額300億円未満の企業

時価総額300億円未満の銘柄はいわゆる小型株に分類されます。時価総額は「株価×発行済株式数」で計算されます。発行済株式数が同じであれば、時価総額が伸びるためには株価が上昇する必要があります。当然ですが、時価総額が大きければ大きいほど企業として成熟し、株価上昇に向けてはより大きな力が必要になります。

企業を大きくするのは、家を増改築するようなもので、大幅に拡大するのであれば立て直しと同じぐらいの労力がかかります。サービスの質を維持しつつ売上げを伸ばしていくためには、雇用人数も増やさなければなりませんし、オフィス代も新たにかかります。さらに広告宣伝費もかかってきます。

いっぽうで業績は、マーケットの大きさ以上には拡大しませんから、どこかで次第に打ち止めになってきます。要は、大きくなればなるほどビジネスが難しくなってくるのです。

300億円程度の時価総額であれば、マーケットを取り切って飽和している可能性は少ないですから、今後経営者の手腕と時代の運に恵まれれば時価総額が1000億円、2000億円と伸びていく会社が中にはあります。その会社の成長をとらえることができれば、**10倍になる株（テンバガー株）**をとらえることができる可能性が高まります。

ただし、ハズレを引く可能性もありますから、慎重に投資したいという人はグリムス（3150）のように何年も増収増益を繰り返している企業を狙ってみるのはいかがでしょうか。

業態は中小製造業などへ電力料金削減など、しっかりアプローチすれば潜在顧客にとっては経費削減というメリットがあるために、顧客になりやすいという特徴があります。

また、営業出身の田中正臣社長は徹底的に営業成績で社員を評価して従業員にインセンティブを持たせる方法を採用しています。バリバリ体育会系です。同社の最大の強みは商品力ではありません。ジャパネット高田のようにどんな商品でも売ることのできる仕組みがあることです。

（コメント）業容が地味だが、決算の数字をしっかり出す会社はプロから見て魅力的。矢印は筆者購入時。

顧客基盤を拡大していき、法人向けを中心に今後も売れ筋商品を見つけて業容を拡大していくのではないでしょうか。

投資家から見ると、数字はその企業の姿を映し出してくれるので、私は投資に値する会社と判断しています。

5. 増収増益を続けている

これを条件に挙げたのは、連続増収増益というのはそれ自体がほかの**投資家を惹きつけるため株価が上昇しやすい**のと、企業としての強みがあるという推定が働くからです。

増収増益は客観的にすぐわかるデータです。『会社四季報』を確認すれば過去年度の決算動向がわかりますので、過去数年にわたって増収増益しているかチェックすることができます。

投資家は、あたかもビジネスを自然体でやった結果、利益が出てくると思いがちです。決算のたびに市場予想よりも利益水準が高い、または低いというニュースで大きく株価が動くのを見ると、多くの投資家が利益の額を大きな投資の判断材料としていることがわかります。

しかし、上場会社は利益をどれだけ計上するのかということは、ある程度調整可能なのだということは覚えていたほうがいいでしょう。

利益をごまかしているというのではなく、これまでの実績から来期にどれだけの売上げ見込みが立って、どれだけの経費を使ってどれだけの利益を最後に残すかということを、企業の会計部門が精緻に予測を立ててやっているのです。

この業績予測は、過去のデータをもとに行うので、上場歴が長くなればなるほど、会社としての組織形態が固まれば固まるほど予測は精緻なものになります。次第に事業が安定することも起因しているかもしれません。

投資家の目を意識しないのであれば、社長の一存で投資を続けて赤字になってもおかしくないのですが、そこは投資家とのコミュニケーションを意識しています。

だとすれば、10期連続で増収増益だから来期も増収増益が見込まれますし、ビジネスモデルに安定しており、それが証拠に増収増益を続けていると社長が言えば、投資家向けのアピールポイントになります。

さらに、**配当金をジリジリ上げていく**のも同じように投資家向けのアピールです。投資家は同じ金額ならば、配当金を安定して何年間ももらいたい生き物です。

今配当原資が30円あって、それを1年で30円もらい、あとの9年間は配当金ゼロよりは、10年にわたって3円ずつもらえるほうを好むのです。もっと言えば1円、2円、3円と毎年少しずつでも増えていくほうが好きなのです。そうした投資家の気質をわかっている企業は、配当性向を10%や20%と抑制的な水準にとどめつつ、連続増配をしています。

また、増収増益を続けること自体に強みがあるということについて説明しておきましょう。

毎年増収増益を続けるということは、将来的な投資に資金を投じつつ、最終的な利益を昨年よりも伸ばしている証拠です。すなわち、何らかの強みがあって、顧客に対して高い値段でサービスを提供できる会社だからこそ、前年度比で最終的な当期純利益を伸ばしつつ、将来への足場固めができるのです。

逆に、原価に多少のマージンを乗せることしかできない商売をしている会社は、十分に投資に資金を回すことができませんから、業績の大きな伸びが望めません。

ですから、増収増益を達成している銘柄は、それだけで営業利益率、経常利益率が高い会社であるという推定が働きます。日本取引所グループが取りまとめた2019年の東証1部上場企業の平均経常利益率は6%。ですから、経常利益率はだいたい10%あればまず優秀な会社、15%以上ある会社は相当優秀な会社と言えるでしょう。

そして経常利益率が高いということは、同業他社と比較して何らかの強みがあるはずです。競合がいないのか、圧倒的なブランド力か、知的財産権か、営業力がずば抜けているのか、コスト管理が圧倒的なのか。ビジネスモデルがユニークというところでもお伝えしましたが、ここでは数字で強みをとらえるというイメージです。

長田式「２：６：２の法則」

それでは、投資をするうえで判断すべきバランスはどれくらいで見ればいいのか。私は**「オーナーのチェックを２割、財務諸表を６割、そのほかの要素を２割」**と見ています。財務諸表の数字にはその会社の経営哲学、そして、これまでの事業の成果の積み重ねが現れていますので６割の比重を置いています。

◆投資判断バランス「長田式２：６：２の法則」

２ ➡ オーナーチェック
６ ➡ 財務諸表
２ ➡ そのほかの要素

ポイントは、**利益率が高い事業を継続的に続けており、コツコツと内部留保を積み上げているかどうか**。それは着実な社風を表していると言えるでしょう。

しかし、今後の方針などはまったく財務諸表に表れていません。財務諸表では過去から現在までの経営状況しか追うことができないのです。ですから、今後の方針については、オーナー社長がどのように考えているか、決算説明会の動画、投資家向けのメッセージで確認したほうがいいということになります。

これらの要素を組み合わせても、上がるかどうかの確証は得られません。最後はエイヤで投資するものです。身も蓋もありませんが、それまでにできるかぎり調べて、あとは自分を信じて投資するのみです。100%上昇する銘柄を見つけることはできませんから、その後、株価が上昇した場合、下落した場合にどう対応するかということも頭に入れながら投資していくことです。

実際の銘柄から成長株を探してみる：Hamee（3134）

それでは実際に、１つの銘柄を例に探し方を考えてみましょう。私が１年以上セミナーで注目銘柄、例題銘柄として取り上げている Hamee（3134）です。この銘柄は、私がスマホケースを探しているところから見つけたものです。B to C の銘柄は消費者が探そうと思えば身の回りにヒントが転がっていることが多いのです。

さて Hamee ですが、まず「*1.* オーナー企業であるかどうか」を確認しましょう。上位株主を知りたければ、『会社四季報』を見てください。

株主名簿の上位に出てくる個人名は樋口敦士氏。Hamee の創業者にして社長です。彼の資産管理会社と思われる AOI ㈱と合わせると過半数の株を押さえており、オーナー会社であることがわかります。

次に、「*2.* 上場 10 年未満かどうか」をチェックします。同社は2015年4月に上場していますから、条件を満たしています。

さらに「**3. ビジネスモデルがユニークかどうか**」で、10年後も社会に必要とされる会社であるかどうかのチェックです。

Hameeのビジネスモデルがユニークなのは、企画・製造から販売まですべてを手掛けるスマホカバーメーカーでありながら、EC事業者向けの業務ソフト、ネクストエンジンを開発しているという点です。

ネクストエンジンはもともとHameeが多媒体でのECを展開しており、どうすれば少人数で効率よく仕事ができるかという観点から社内用のソフトとして開発したものを、同じように人手不足で困っているEC事業者に提供したのが始まりです。

実際に、ヤフオクでもメルカリでも販売者になってみるとわかるのですが、一度商品が売れると、そこからの流れ作業は毎回同じで、かつ時間および労力を使うものなのです。

お客様への挨拶、購入商品の確認、購入商品の発送といった連絡に加えて、社内では在庫チェックが入ります。梱包をしてから、配送についても伝票を作成して、それを配達業者に引き渡すのもかなりの手間です。

少しでもこうした手間を省いて、EC事業者が本来の仕事に集中できるようになってほしいという想いがネクストエンジンの開発につながっています。

彼らの業務のユニークさは、**メーカーであると同時にソフトウェア開発会社**だということです。しかもそれが別々ではなく、有機的に結び付いています。スマホカバーの販売で得られたノウハウをソフトウェアの開発に転用する、ソフトウェアを開発して新機能を搭載したらどれだけ業務が効率化したかを自分たちの事業で試す。この流れで仕事ができるのは、どちらの仕事も手掛けている Hamee ならではでしょう。

スマホカバー市場は、**ニッチなので強力なメーカーが出てこない**というのも彼らの強みです。誰でも名前を聞いたことがあるスマホカバーメーカーはなかなかありません。もちろん、グッチ、シャネル、プラダ、ルイ・ヴィトンなどブランドものはありますが、スマホカバーメーカーとして有名なわけではありませんよね。当面、強力なライバルが出現しにくいということで、今後メーカーとしての事業環境は安定していると思われます。

続いて「**4. 時価総額が 300 億円未満の企業**」。2020 年 12 月 30 日の終値株価 1999 円をもとに計算すると、時価総額は 324 億円で、すでに 300 億円を上回っていますが、私が購入したときには 100 億円程度でしたから条件を満たしていました。

もちろん 300 億円を超えたから投資してはいけないということではなく、むしろ安定して成長してくる段階に入ったとも言えるのです。これまでのように倍々ゲームで売上げが増えるということはありませんが、時価総額が 1000 億円になると仮定すればまだ 2 倍、3 倍になる余地があるということです。

業績の安定度はこれまでよりも手堅くなっていますが、それは予想がつくということですから、予想外の業績の伸びに伴う爆発的な株価の上昇が見込めなくなってくるということでもあります。

これはトレードオフの関係ではありますが、機関投資家の場合は、あまりにも若い企業に投資して失敗してしまうと言い訳が効かないので、ある程度成長した段階で初めて投資を開始するのが一般的です。

最後に**「5. 増収増益を続けているかどうか」**ですが、一時利益が伸び悩んだことがありましたが、全体として増収増益を続けているので問題はありません。

どんな銘柄でも一時的に増収増益基調が止まることがあります。先行投資なのかもしれませんし、新型コロナウイルスのようにやむを得ない事情が発生するかもしれません。その見極めも大切なのですが、これは経験を積めば判断できるようになります。決算が悪かったときほど、一般的に企業は投資家向けに力を入れて資料を作成しますので、それを見て判断してください。

こうして投資候補に掲げたら、そのあとは**「この銘柄の強みは何か？」「なぜこの環境で成長し続けることができているのか？」**を徹底的に考えます。

増収増益を繰り返しているということは、基本的に売上げが伸びています。増税、そして新型コロナウイルスという厳しい環境下で成長し続けている秘密は何か。Hameeの場合は、先ほど少し申し上げた通り、スマホケース製造販売業とソフトウェア開発業を併せ持っていることです。

しかし、さらに掘り下げてみるとHameeの場合には、**時代の変化に併せて業態を変化させていけるしなやかさ**が特徴ではないかと思うのです。

最初は携帯電話のストラップをつくっていた（今でもその名残がウェブサイトの名前に残っています）同社は、時代の変化に応じて業態も変化させてきました。

今後どのような世の中になろうとも、それに合わせてしなやかに業態を変化させていけるというのが掘り下げたところに見えてくる強みです。

あとは小田原という土地を本社に選び、都会よりもゆっくりと時間が流れる土地でクリエイティブな仕事をする集団をつくり上げるというのも、人材育成面で見た面白いアプローチです。

第6章

成長株投資は財務諸表を攻略しよう

成長株投資で６割の比重を置くべき財務諸表

ここからは、**長田式「２：６：２の法則」で６割の比重を占める財務諸表**について見ていきましょう。財務諸表と言うとなんだか難しそうと尻込みされる人がいるかもしれません。

たしかに、プロ投資家のレベルまで財務諸表を読み込む、経理として財務諸表を作成するというのはそれなりの知識・経験も必要です。

しかし、二流投資家として投資するレベルであれば、そこまで難しい知識は不要です。英語と同じだと思ってください。投資家などの利害関係者のために、誰にでもわかるように会社の重要な情報が書いてあるのが財務諸表です。

財務諸表は、いわば家計の企業版です。上場企業は投資家はじめ利害関係者がたくさんいます。利害関係者が投資判断を下すために詳細な情報を記載しているので、わかりにくいことがあったら**家計にすべて置き換えて考えればいい**のです。

ここでは企業の分析で使われる用語を家計に置き換えて紹介していきます。何回か繰り返すことでイメージがつき、そのあとで実際の決算書を何個か見ていくとより理解が深まっていきます。それでは始めていきましょう！

「損益計算書」の見るべきポイント

損益計算書はいわば、**１年間の家計収支**です。１年間働いて稼いだお金から使ったお金を引いて、どれだけのお金が残ったかを示しているものです。たとえば年収600万円で、500万円を支出で使ったら100万円が利益です。収入から、住宅ローン、保険、食費、水道光熱費、教育費、お小遣いなどを差し引いていくら残ったのかを計算したものですね。

企業の場合は利害関係者が様々いるので、最終的な利益だけでなくて、その途中の利益も公表しています。個別に家計にたとえながらみていきましょう。

1 「営業利益」で見るべきポイント

営業利益は本業の利益を表す数字です。売上総利益（粗利）から販管費を引いたものが営業利益です。本業で儲けたお金というのは、持続力が強く、一番儲けの割がいいお金です。割がいいというのは、自分の工夫次第で利益を増やすことができるということです。自社のことですから、営業活動を効率よく増やす、経費を削減することで捻出することができます。

投資という観点では、**売上げに占める営業利益の割合が高い**のも見逃せないポイントです。営業利益が高いということは、会社として他社よりも工夫をしているということです。厳しい競争の中、営業利益率が10％を超えてくるというのはなかなか大変なことです。

家計に置き換えて考えてみると、サラリーマンが額面（企業でいうところの粗利）の10%を貯金するとなるとそれなりに大変です。額面30万円なら3万、40万円なら4万。そういうイメージの数字です。

私を含めて株式投資家は、ついつい最終純利益は売上げが伸びれば自然体で増えるものというふうに考えがちですが、決してそんなことはありません。売上げが増えると人件費、販管費、広告費などの費用が増えて利益を圧迫しがちです。家計でも収入が増えれば外食に行く回数も増えるし、よりグレードの高い家や車を買いたくなるものでしょう。それをせず、生活のレベルを一定に保ち続けるのは強い精神力が必要です。

会社に置き換えてみると、筋肉質な利益体質を保ち続けるのは、利益が出ても経費をコントロールして利益を出し続けるというDNAが会社に備わっている証しです。

2「経常利益」で見るべきポイント

本業の儲けである営業利益に、本業以外の利益（損失）を加えたものが経常利益です。いわゆる「ケイツネ」と呼ばれる利益です。サラリーマンでも給与以外に収入先を複数持っていて、有価証券の配当、不動産賃貸収入などの副収入がある人もいると思います。それらの利益を本業である給料に足したものが、家計の正味の収入になります。

いっぽうで、企業は銀行や投資家から借金をして経営をすることが当たり前ですので、借りている先に金利を支払いますから、借金の金利を支払うのは通常で、ここは無借金が望ましいという家計とは違うところです。私も最初はお金が手元にあればその範囲で事業をしていれば安心じゃないかと考えたことがありました。

しかし、上場企業はリスクとリターンを天秤にかけながらできるだけ利益を追求することが求められています。投資家としては、**借り入れたお金よりも利回りを生むことができる事業があるのならば積極的に投資する**のです。

たとえば、不動産投資を例にとって考えてみましょう。私が今手元に1000万円の不動産資産があるとします。10%の利回りを生み出す不動産が5000万円で売っていたとします。

もし自己資金しか使えないのであれば、あと4000万円お金を貯めるまで投資することができません。そこで銀行に交渉しに行きます。銀行から4000万円の融資を３%で受けられるという話がまとまりました。そうすると、単純計算で借りた金利よりも高い利回りで不動産投資ができるので、手元に残る資産が増えます。

投資家から見ると不動産に投資するも、企業に投資するも同じことですから、銀行はできる範囲で借金をして利益を増やしてほしいのです。融資することでお金の循環速度が上がり、企業は利益をより上げることができます。

借金は悪いもの、返さなければならないものというのは個人には当てはまる概念ですが、上場するような企業はお金を返したりしません。ジャイアンではないですが、事業がうまくいっているかぎり、お金は借りたら借りっぱなしなのです。そのうち自己資本が増えてきて、その分だけ借金も増えていく。バランスシートがどんどん膨らんでいくのが企業の成長過程です。

3 「経常利益」が会社の実力を示す

営業利益が本業の稼ぐ力を表すとすると、経常利益は**その会社の本当の実力を示す**とも言えます。経常利益を含めた収入が安定的な企業の収入だからです。そこで、株式投資をするうえでは、この経常利益を見なければ本当の実力がわからないのです。

ただし、株価が爆発的に上昇するには、やはり本業で稼いでもらわないといけません。経常利益はいわば**投資で稼いだお金**です。稼げるには稼げますが、投資というもの自体が高くつくもので、利回りはそこまで高くなりません。

4 営業利益はないが、経常利益だけすごい「岩塚製菓」

経常利益が会社の利益のほとんどを占めている岩塚製菓(2221)についてご紹介します。この会社は本業の米菓では亀田製菓(2220)に大きく後れを取っておりますが、打ち出の小槌を持っています。

その昔、台湾のある起業家、現在の旺旺集団(ワンワングループ)総裁の蔡衍明(ツァイホンミン)氏から依頼されて、彼が経営する会社に出資したうえで技術指導をしていたところ、その会社は台湾を代表する総合食品メーカーに成長しました。そのメーカーこそが岩塚製菓を支える旺旺企業集団です。技術協力をしていたつもりが、今では仕送りをしてもらっている立場とすっかり逆転してしまいました。

岩塚製菓の実力は営業利益ではまったく図ることはできませんが、旺旺企業集団のおかげで、上場企業としてそれなりの体裁が整っています。この収入があるということは、しかしながら、社内に慢心が生まれている可能性も否定できません。自らが営業努力をすることなく、毎年確実に利益が入ってきて、それだけで役職員を食わせることができるのですから。

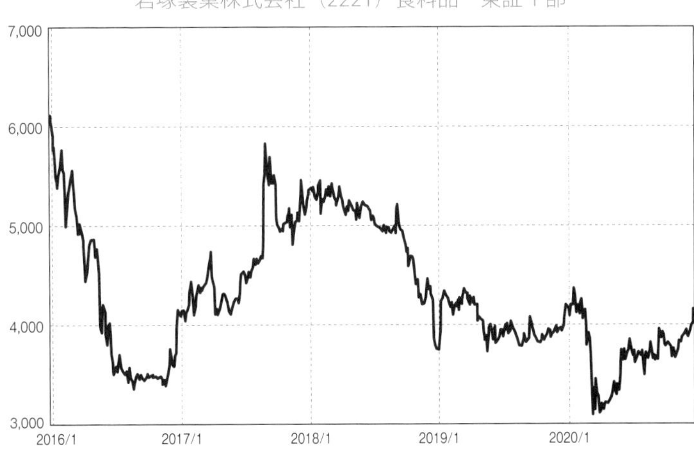

（コメント）営業利益は特筆するに値しないが、出資先の台湾総合食品メーカーからの配当金（経常利益）が収益の柱。台湾食品メーカーの業績が同社の業績をそのまま左右する。

では、経常利益の例を個人に置き換えてみましょう。株式配当金を受け取る、不動産投資で家賃収入がある人もいるでしょう。そうしたお金は、やはり安定的な収入なのです。安定的だからこそ、本業のお金と合わせて、これらの副収入をあてにして毎月の家計を組むことができます。

とすれば、その副収入も合わせてその人の収入の実力ということができます。企業でもまったく同じことです。

5 「特別利益・特別損失」とは？

さあ、投資家にとって一番大事な税引き前当期純利益が見えてきました。税引き前当期純利益は、経常利益から特別利益・特別損失を加減したものです。

特別利益・特別損失は常に発生するものではないので、特別利益という分類で損益計算書に計上します。どんぶり勘定になっていたら、投資家は収入が安定的なものなのか、それとも一時的に利益が出ているのかがわかりません。そうすると、分析して投資することができません。だからこそ、わざわざ今年だけの特別な利益と区分して公表することになっているのです。

さて、どんなものが特別利益・特別損失に該当するのでしょうか。**長期で保有している株式を売却したとき、遊休地を売却した利益など**が該当します。これらの利益は毎年安定的に計上することができる利益ではありません。だからこそ特別利益なのです。なお、利益の区分はそれ自体が絶対的なものではなくて、あくまで本業との関係で決まってくるというのも頭の片隅に置いておくといいでしょう。

特別損失としては、自然災害によって工場が壊れてしまった場合、保有していた株式が大きく下落してしまった場合などです。こちらも突発的で毎年発生するものではありません。

これを家計に置き換えて考えてみると、特別利益は持ち家の売却、車の売却などが当てはまり、特別損失としては交通事故による車の修理代金が該当するでしょう。突然の病気で入院した場合も特別損失となります。

6 「税引き前当期純利益」とは？

この利益を基準として、政府（国・地方自治体）が**税金**という形で企業からお金を持っていきます。ですから、税務署が大切にしているのがこの税引き前純利益です。税率はすべて税法で定められていますから、税引き前純利益が出れば、機械的に納税額が決まります。サラリーマンの給料も収入が決まれば自動的に納税額が決まります。

これを家計に当てはめて考えると、税金・年金・健康保険料といった源泉徴収で引かれるものです。サラリーマンは先にこれらの費用を引かれてしまいます。自分に支払う前に国・地方自治体にたくさん支払っているということです。

7 「最終純利益（１株当たり当期純利益）」が配当の原資になる

やっと投資家が気にする利益が出てきました。それが**「最終純利益」**です。投資家が配当として受け取ることができる利益は税金を支払ったあとの利益なのです。

ここにくるまでに、仕入先・役職員・銀行・国にお金を取られて、最後に残るのが最終純利益。この利益を発行済株式数で割ったものが**「１株当たり純利益」**になります。

途中経過がどうであれ、投資家にとっては投資したお金がどれだけ増えるかが一番の関心事です。

しかし、配当原資からすべてを支払うわけではありません。配当性向分だけが会社から支払われます。たとえば、１億円が当期純利益だとして、配当性向が30％だとすると、3000万円が配当に回り、残りの7000万円は内部留保されます。

よく勘違いしている人がいるのですが、内部留保は必ずしも現金ではありません。現金から形を変えて投資されていることがほとんどです。

家計に置き換えて言うと、このお金こそが毎月手元に残るお金、貯金できるお金です。投資でお金を増やすというのは、私にとっては営業利益である給料に、経常利益である配当金、貸株そして株主優待を積み上げていくイメージです。株式の売却利益は特別利益ですね。

経常利益＝副収入が増えていくと、生活がグッと楽になります。雨の日も風の日も、あなたのために企業が働いてくれたお金の一部が振り込まれるのです。ただ、目標金額に達するまでは再投資あるのみ。念仏のように「再投資、再投資、再投資」と唱え続けてください。

8 利益の関係

ここでは決算に出てくる５つの利益の関係性をイメージ図（次ページ）にまとめてみました。**粗利から販管費（人件費・広告宣伝費など）を引いたものが営業利益**になります。表では経常利益、税引き前純利益が少しずつ減っているように見えます。

しかし、これは説明上このような記載になっているだけで、実際には岩塚製菓のように経常利益のほうが多いこともあります。また、仮想通貨ブームで大きく儲けた企業は、特別利益を計上するので、経常利益より大きくなります。

税引き前純利益の時点で黒字であれば、そこから税金が引かれますので、通常は当期純利益は70％ぐらいの水準になります。

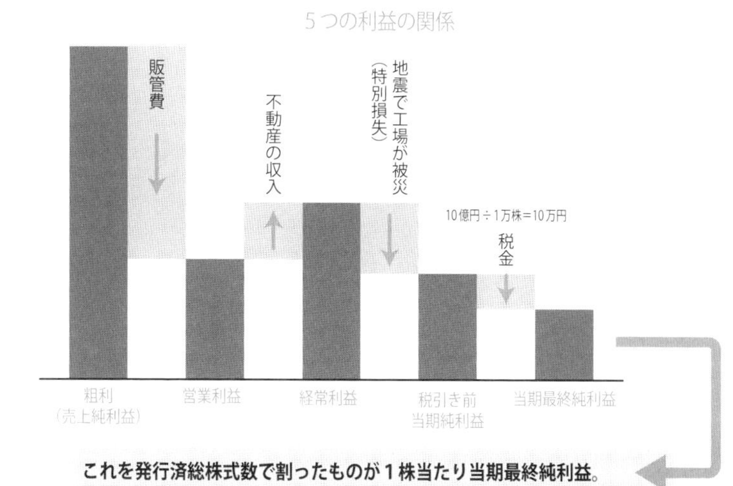

これを発行済総株式数で割ったものが１株当たり当期最終純利益。

（例）当期最終純利益が10億円、1万株だとるすると1株当たりの利益は10万円。（10億円÷1万株=10万円）

もちろん、税金の世界は例外だらけですから、赤字を繰り越した場合には異なるケースもあります。しかし、毎年利益を計上している会社は、基本的には当期純利益は税引き前純利益から減るものだと考えてください。私たちが投資することを考えている企業は基本的に増収増益の企業ですから、例外は考えなくてもかまいません。

「貸借対照表」の見るべきポイント

次に貸借対照表を見てみましょう。貸借対照表は現在の資産状況を示しています。資産とは、会社の将来の利益創出に貢献するものです。

貸借対照表の左側に書かれているものがいわゆる「資産」というものです。ここには、家計で言えば**「現預金・株式・債券」**という流動性の高い資産のほか、少し流動性の低い**「自宅・車・高級時計・家具・家電」**なども含まれます。あなたの資産という感覚にしっくりくるのではないでしょうか。

次に負債。これは借金です。**「住宅ローンや車のローン、消費者ローン」**などの借金のことです。

最後に純資産。これは資産から負債を引いた金額を純資産と考えます。たとえば、ある人の資産が1000万円あって、借金が500万円あったとすると、その時点でその人の純資産は500万円です。

住宅をローンで買うと、毎月住宅ローンを支払うことになりますが、右側の負債がどんどん減っていくので、財務諸表が健全になっていくのですね。もちろん、左側の資産である自宅マンションが価値を保っていればの話ですが。

銀行から見ると、もちろん儲けてくれたほうがありがたいのですが、むしろ問題なく返済してくれるかどうかのほうが大切です。

かたや投資家は、**損益計算書のほうを重視**します。やはり利益をどれだけ上げているかという損益計算書を重視していると思います。

それは、赤字続きだった会社が一転黒字になったときの価格変動を見るとわかります。赤字続きだったのですから、貸借対照表は少し黒字になっただけでは劇的には改善しません。借金が多く、株主資本が少ない状態です。損益計算書で黒字となることで、将来の期待が高まったから株価が変動したと言えます。

固定資産は、**有形固定資産、無形固定資産、投資、その他**に分かれます。有形固定資産は土地・建物・車などでわかりやすいと思います。無形固定資産は、**特許権、商標権、ソフトウェア、のれん**などです。

ただし、貸借対照表がすべての資産を表しているわけではありません。とくに目に見えないブランドの強みは、貸借対照表だけをいくら眺めても、もっと詳しい有価証券報告書を見てもわかりません。スキルを積んだ従業員も、実は貸借対照表に掲載されません。費用として毎年計算されてしまい、資産としては残っていないようにも見えますが、実は見えない形で社内に蓄積されているのです。

私自身、今の会社に10年以上勤務していますが、その経験は蓄積されており、1年目のときよりも今のほうが会社に貢献できるようになっています。勤務年数が長い社員がいるということは、会社にとってはプラスです。十分に経験を積んだ社員が多数いるということも会社の資産なのです。

つまり、人的資産はバランスシートに現れていないのです。産業の中心が情報通信業やサービス業に移ってきている昨今、製造業、卸売、小売を念頭に置いてつくられた会計制度の限界がそこにあることは覚えておいてください。

実際の企業で財務諸表を見てみよう

では、具体例に実際の企業の損益計算書を見てみましょう。

次ページの表は、Hamee（3134）の決算説明資料から抜粋した同社の2020年第2四半期決算（2020年10月末）の損益計算書です。

売上高は前年度第2四半期決算（2019年10月末）よりも増えており、営業利益、経常利益も共に増えているのがわかります。

売上高が56億円で、営業利益が9.9億円ですから、営業利益率は9.9 ÷ 56 ≒約18%。売上げのうち18%が営業利益というのは企業としてとても優秀です。

また、経常利益が9.6億円で、営業利益とほぼ同水準です。営業利益と経常利益がほとんど同じ企業は本業に特化している傾向があります。法人税が引かれて四半期純利益は6.7億円程度になっています。当期純利益（1年）を発行済株式数で割ったものが1株当たり純利益です。ここでは、半年分（4月～10月）までの決算を発表していますから、四半期純利益という表現を使っています。つまり6カ月分の純利益ということですね。

Hameeは、半年分の1株当たり純利益で42.54円を達成していますから、単純に1年間の純利益（当期純利益）は85円程度になるはずです。しかし、2020年12月14日に公表した決算短信によると、2021年4月期の通期予想は当期純利益を12.6億円、1株当たり利益は79.84円と予想しています。確実に利益の額を毎年

Hamee（3134）の損益計算書 単位：百万円

	2020/4 2Q	売上比	2021/4 2Q	増減	対前年同期増減率	売上比
売上高	5,413	100.0%	5,621	208	3.8%	100.0%
売上総利益	2,952	54.5%	3,466	513	17.4%	61.7%
営業利益	842	15.6%	992	149	17.8	17.7%
経常利益	877	16.2%	968	91	10.4%	17.2%
親会社株主に帰属する四半期純利益	602	11.1%	671	69	11.5%	12.0%
1株当たり四半期純利益	38.02		42.54			

営業利益 992
（前年同期比 +149）

項目	増減	要因
売上総利益	+513	増収効果
販売管理費	+365	
人件費	+178	韓国子会社における製造事業譲受、新規事業開始等
旅費交通費	△24	出張機会の減少
支払手数料	+95	小売の増加
物流費	+20	小売の増加
のれん償却	+52	韓国連結子会社における製造事業譲受等

営業外損益 △24
特別損益 △4

営業外損益		特別損益	
為替差損	△17	投資有価証券売却益	+4
支払利息	△5	投資有価証券売却益	△10

増やしていくタイプの社長ですから、上方修正する可能性が高いのではないかと踏んでいます。

ただし、最終的な利益は、どれだけ投資に回すかという判断によっても変わってきます。予想よりも利益が上振れしそうであれば、投資に回すという判断をする可能性もあります。たとえば、経営者が今期にもっとITエンジニアを採用したいと思えば、それだけ人件費が増えるので今期利益の圧迫要因となりますが、長期的に見ると優秀なエンジニアが社内にいるということは利益の創出要因となります。

利益を積み上げながら、投資にどれだけ回すかを考えているのです。結果、利益の１株当たり当期純利益は予想通り79.84円にとどまるかもしれません。ただ、これまでの傾向を見ると、上方修正してくるのではないかとにらんでいます。こうした傾向も何度も同じ銘柄の決算を見ていると次第にわかってくるものです。

半年前の時点では今期予想は経営陣の目標に過ぎないわけですが、それが実現利益となってくると、予想の確度が高まってきます。確度が高まれば、あるべき位置へと株価は動いていくものなのです。

次に、貸借対照表を見てみましょう（次ページ）。これも同社の決算説明資料からの抜粋です。

貸借対照表の右側はどのように資金を調達したかを示しています。負債は他人のお金（銀行借入、社債、未払金、未払法人税など）で、純資産は株主から払い込んでもらったお金（資本金、資本剰余金など）と、これまで企業が営業活動の結果貯めてきた金額（利益剰余金）の合計です。

先ほど本業で純利益が出たという話をしました。これは家計で言えば貯金ができたのと同じことですから、企業でいうところの貯金、すなわち利益剰余金がその分増えています。少し当期純利益の数字とは異なっていますが、細かいことは気にせず、今はその関係を理解していただければ結構です。

それから、サラリーマンの発想では、どうしても借金は悪いことで、自己資本が多ければいいという考えになってしまいますが、上場企業レベルになると、資本をどれだけ安いコストで調達して、どれだけの利回りを上げられるかという話になります。

Hamee（3134）の貸借対照表　単位：百万円

流動資産	6,832	(+573)
現金及び預金	3,362	(△ 90)
受取手形及び売掛金	1,828	(+598)
商品	1,012	(△ 42)
その他	624	(+101)

固定資産	1,850	(+12)
有形固定資産	617	(+48)
無形固定資産	638	(△ 123)
投資その他	595	(+88)

流動資産	3,112	(△ 33)
買掛金	145	(△ 20)
短期借入金	1,611	(+11)
未払金	645	(△ 15)

固定負債	119	(△ 6)
長期借入金	67	(△ 24)

純資産	5,451	(+626)
利益剰余金	4,728	(+561)

わかりやすく言うと、収益不動産を買うための資金を金利１％で借りてきて、それを家賃５％で回すというのと同じです。

借りるのではなく、お金を１％で買うという感覚です。ピンときた人は鋭い。そうです。上場会社は**お金を買って、それより高い利回りで運用している**のです。儲かるビジネスモデルを磨いて、よりお客様に多くの価値を提供することで利回りを上げるいっぽうで、成長すればするほど調達のコストが下がって楽になるのです。

話をもとに戻しましょう。右側で調達したお金を左側で使っています。目立つ現金が33.6億円、受取手形及び売掛金が18.2億円、商品が10.1億円です。内部留保が現金だけで保有されているわけではなく、次期以降の利益を獲得するために形を変えています。現金ももちろんありますが、商品や債権（受取手形・売掛金）に形を変えています。

成長株の場合は、当期純利益が継続的に増加していることを投資の前提条件とするので、利益が出ており粉飾決算がされていなければ、基本的に会社の財務体質は強くなっていると想定できます。つまり、**投資判断という意味では損益計算書と比較すると貸借対照表の重要度は低くなります**。

財務分析は奥が本当に深く、この程度の分析でいいのかという人もいるでしょう。しかし、会計の専門家でもない私たちは、その程度の情報を抑えておけばいいのです。増収増益であるということが投資のベースになっているかぎりは、この程度で十分だというのが私の考えで、あとは損益状況に応じてポートフォリオの入れ替えで対応していくことが重要です。

第7章

成長株のポートフォリオを組もう

成長株を５～10銘柄くらいに分散する

投資するにあたっては、ある程度集中して投資することが必要です。個別銘柄に投資するのでも、過度に分散しすぎると投資信託に投資しているのとあまり変わらなくなるからです。100銘柄も保有したら管理の手間がかかります。

個別株投資に挑戦するのは、**インデックスよりも高い投資成績を残すため**です。たしかに個別株投資をすることによって、様々なことを副次的に学ぶことができますが、儲けることができたうえでの話です。

では、どれくらいの銘柄数にすればいいのでしょうか。私は**主力銘柄を10銘柄ぐらい**と決めて、その時々で主力株を入れ替えています。

これくらい分散すると、うまくいけば年利20%程度は出ることがあります（ただし、年間100%を超えるパフォーマンスは難しいです）。

人並み外れたパフォーマンスを出すためには、２～３銘柄に絞り込んで投資する必要があります。絞り込んだ銘柄での長期投資は大きく儲ける可能性もありますが、株価が暴落した場合のダメージが大きくなり、再起に時間がかかることになります。

もちろん、調べに調べて投資先を決定するのですが、それでも予期せぬ事態に巻き込まれて株価が暴落することも考えるべきです。投資候補先のことを調べても、しょせんは未来の話を断片的な情報から推測しているにすぎません。

2銘柄だと単純にポートフォリオの半分、3銘柄だとポートフォリオの33%を占めることになりますので、仮に投資先の株式の価値がゼロになった場合のダメージは甚大です。かつてリーマンショックで大損したときの私のように、立て直すのにかなりの労力を使います。

10銘柄程度に分散していれば、相場付きによって買われる銘柄、売られる銘柄が打ち消し合って、それなりのパフォーマンスとなります。株式相場の上昇局面では循環物色でその時々に人気のあるテーマ株から上昇していきますが、どの銘柄が上昇していくかわかりません。

二流投資家は、**機敏にテーマを読み取って、次々と投資銘柄を変えていかなくてもいい**のです。業績の裏付けがあれば順番にスポットライトが当たるので、そのタイミングを待つだけでいいのです。

売買タイミングを分散しよう

銘柄の買付、売却も同じ銘柄でも分割して投資していきます。

まず、買い付けるときには、まとめてピンポイントで勝負せず、**PERの過去の基準を参考にして、著しく割高ではない水準で購入**します。

株価は短期的にどう動くかわかりませんから、1カ月、2カ月と買うタイミングを分散しながら購入することで平均的な値段で買います。仮に、1000株を買うのなら、200株ずつ5回にわたって購入するという具合です。

簡単そうに見えますが、この分割売買ができない人がほとんどです。買うタイミングは早すぎたり遅すぎたりするものです。私は間を取って、平均値で購入できればいいという心持ちで売買するようにしています。

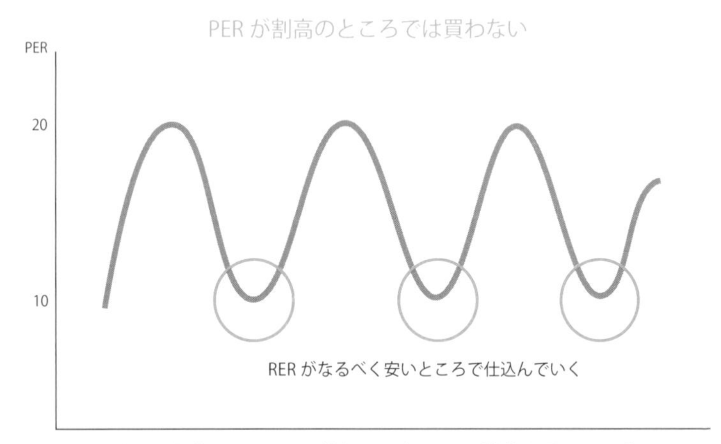

絶対的な水準よりも、その銘柄の過去のPER推移を見てから決める

分割して売買してみるとわかるのですが、心理的に楽になります。安くなってきても買うチャンスだと思えますし、高くなれば含み益をもとに買い増ししてもいい。同じ売買をするのでも心理的な負担が下がります。このように、**下がっても上がっても対応できるようにしながら確実にポジションを積み上げていく**のが成長株投資による長期的な資産形成では大切です。

それでも、気を抜くとすぐに連続して買いたくなるものです。私もコロナショックの際に、買い付けのペースを上げすぎて、安いところで買えませんでした。売買する前にどのように売買するかを考えておくのが大事です。

反対に、売るときも分割売買を前提に組み立てます。**時間を少し空けながら分割売りで対応**します。

では、売りたくなるタイミングはどう決めればいいのでしょうか。売りは買いより難しいのですが、いくつか自分の中で判断基準をつくっておけば迷いが少なくなります。

まずは、前提条件が変われば売り。業績が伸びることを期待して買っていたのに、売上高が止まり、次の収益の柱も見つかっていない状況となれば、手じまいを考えたほうがいいでしょう。

（コメント）新型コロナウイルスの感染拡大に伴い、旅行業界自体が完全に逆風。当初はすぐに終息するという期待から保有を続けたが、７月末の感染拡大を受けて、当面業績の持ち直しは厳しいと判断して損切り・撤退。

（コメント）新型コロナウイルス感染拡大を受けて、同社主力事業である結婚披露宴の需要が激減。一時下落局面では買い向かったが、当面需要が回復することはないと判断して損切り・撤退。

もっといい銘柄が出てくればポートフォリオ入れ替えのために、売ることも検討します。あまりにも割高になった銘柄、明らかにブーム株となり高くなりすぎたら売りを入れていきます。

とくに、**材料株（株価に好影響を与える出来事など）となってフォローの風が吹いているときは要注意**です。一時的に盛り上がるとそのブームに乗りたくなるところですが、どのようなブームも必ず去ります。

ワールドカップ、世界選手権、オリンピック開催時に、あまり日本で人気のない競技で日本選手が活躍すると、そのスポーツ、プレーヤーが取り上げられて一時的にお客さんがたくさん集まることがありますよね。カーリングなどはオリンピックに取り上げられて一時は盛り上がりましたが、その当時の熱狂的なブームがくることは当面のところないでしょう。株式投資で今盛り上がっている株に投資するというのは、にわかファンと行動が同じです。

たとえば、ライザップ（RIZAPグループ、2928）やいきなりステーキ（ペッパーフードサービス、3053）はその好例でしょう。

損切りできる人が最後に勝つ

株式投資で上手な人と下手な人を簡単に見分ける方法があります。それは、**証券口座の中に含み益がたくさんある人がうまい人、含み損ばかりの人は下手な人**です。何も下手なのが問題なのではなく、人間の本能に従って投資すると含み損ばかりの銘柄になってしまうので意識して利益を伸ばすことが大切だということです。

また、しばらく株価が回復する見込みがない含み損銘柄を抱えていると、精神衛生上もよくありません。証券口座を見るとマイナス表示ばかりになってしまい、株式投資が楽しくないものになってしまいます。また、含み損を抱えるのが当たり前になってしまうので、深層心理に埋め込まれていきます。

プラスの銘柄を残して、マイナスの銘柄から先に処分する。これを続けているとプラスの銘柄を伸ばせるようになります。冒頭の私のポートフォリオ（15ページ）で言えば、次はオプトラン（6235）を処分して、利益が出ている、ラクス（3923）、カカクコム（2371）などに乗り換えていくということです。

投資が下手な人は、少し利益が出た段階でその銘柄を利益確定してしまい、損失を被った銘柄は含み損が解消するまで塩漬けにしておく。このパターンで株式投資を途中でやめてしまうのです。

この方法のメリットとしては、**チャートを見なくとも、損切りができる**ということです。同じように判断して投資した銘柄でも、上がる銘柄もあれば上がらない銘柄もあります。二流投資家なのですから、上がらない銘柄をつかんで当然です。上がらなければ素直に負けを認めて、上がる銘柄に乗り換えていきましょう。

最初はポートフォリオが塩漬けだらけでも仕方がありませんが、次第にプラスの銘柄を残すようにしてください。これは訓練で鍛えることができる能力です。

攻めの成長株、守りの配当株

私は、実はあえて成長株一辺倒では投資していません。というのも、成長株に全力で投資すると、投資がうまくはまったときには大きな成果が出る一方で、失敗したときには大きく資産が減少してしまうからです。

短期間で大きく資産を増やしたいのであれば、どこかで大きく張らなければいけないのですが、私はそこから先は少し速度を落として安定的に運用することを考えているからです。

具体的には、成長株で大きなキャピタルゲインを狙う一方で、配当株から得られる配当金、給料の天引き、貸株料などの収入で**新規投資ができるだけのキャッシュがつくれる体制をつくる**というものです。

私も以前は成長株一辺倒でした。資産規模が大きくなかったので配当金があまり多くなかったですし、リスクを取るべき局面だと考えていたからです。ただ、今の資産規模になってくると、配当金もそこそこの金額になってきますし、過度にリスクを取らず資産を増やしていきたいと考えるようになりました。

成長株は5～10銘柄に集中すべきことは先ほど申し上げましたが、配当株についてはその限りではありません。なぜならば、株主優待が付与されるのは最低単元を保有する株主、つまり100株保有している人も1000株保有している人も同じように株主優待がもらえるパターンが多いからです。

もちろん、株式の保有残高に応じてサービスを変えているところもありますが、**株主優待は100株でもらうのが基本的には一番効率がいい**のです。

2000万円をつくるならば、どこかで勝負しなければなりません。そこで、最初は成長株投資にポートフォリオを組み立てて、5～10銘柄を回し、軌道に乗ってきたら配当株をポートフォリオに組み入れていき少しずつ安定性を増やしていく。その際には、成長株は集中投資、配当株は分散投資を心がけていきましょう。

ポートフォリオを組み替えていく

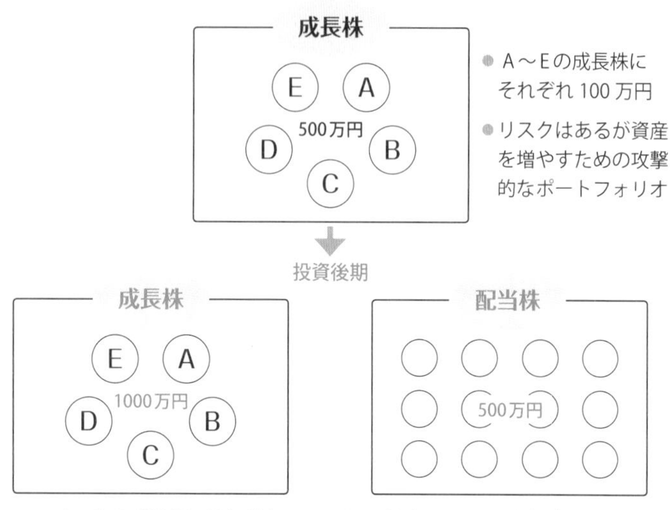

- A～Eの成長株にそれぞれ200万円、合計1000万円を投資
- 残りの500万円は配当株で安定的に稼ぎつつ、株主優待ももらう

成長株としてはお勧めしない株の特徴

この章の最後に、ポートフォリオに組み入れていく成長株を探すうえで、具体的にどのような銘柄への投資を避けるべきかを挙げてみましょう。

もちろん投資することが悪いと言っているわけではありません。むしろ短期投資であれば向いている銘柄もたくさんあります。長期投資とは、企業の成長に乗る投資方法です。したがって、業績が安定しない銘柄、または安定しすぎていて成長しない銘柄については投資妙味が少ないと判断します。

❶インフラ関係の銘柄（ガス、電力、鉄道、航空会社など）

インフラ関連銘柄の特徴は、利用料金や運賃が**法律で定められている**ことです。

日本の場合、水道は公営で、ガスや電気、鉄道は民間企業が担っています。これらの業界は営業エリアが法律で決められていて、サービスの提供値段も国の許可制になっています。ですから、自由競争ではなく、国が妥当と思われる値段を決めています。

ということは、今後どんなに販売価格を上げたいと思っても、いきなりガス代を２倍にするとか、鉄道料金を２倍にするということはできません。国内がマーケットですから、トップライン（収入）はある程度決まっていますし、利益の水準もおのずから定まってきます。

上にも下にもブレないのです。当たり前ですよね。毎日必ず使うもので、どんなに景気が悪くなったとしても利用する量が変わらないのですから。

また、航空会社はダイナミックプライシング（繁忙状態によって販売価格を大きく変えること）を導入していますが、それでも安全に関する各種規制を守ったうえで各社が競争しています。航続距離によって採用する機材（飛行機）が決まってくるため、そこでも差別化できません。規制が大きい業界ということで、私はインフラ関連銘柄として認識しています。

❷ 携帯電話関連の銘柄

携帯電話は人の使用優先度が高く、支出を削る場面があっても最後まで削らないものに含まれると考えています。

最近は、電車で座っている座席一列全員がスマホをいじっているというケースに出くわすことも増えてきました

こんなに大切にしているものへの利用料金がなかなか減らないのは当然でしょう（政府は携帯料金の引き下げを断行しておりますが）。一番多くの時間を費やしているのがスマホなのですから。こうしたインフラ系の銘柄は、**株価の変動が少なく配当金狙いの銘柄**となります。安定的に２〜３％の配当金がほしい人にとっては一定程度組み入れてもいい銘柄群です。

❸ バイオ関連の銘柄

バイオベンチャーについては門外漢の投資家にとっては正直ギャンブルです。新薬の開発は製品化にこぎつけるのがそれこそ1000に１つの世界ですから、何が当たって何が当たらないかはわかりません。

新薬の開発には莫大な費用が必要で、**製品化するまでには毎年大量の費用を投入して赤字が続く**のが通常です。

とすると、目先の業績では買えないことになります。期待感にレバレッジ効果がかかって株価が上下します。期待感が高まれば株価は急騰しますし、期待がはげ落ちれば一気に急落します。ひと時のサンバイオ（4592）が典型的な例です。

こういった株でもうまく乗りこなすことができるのであれば、一概に投資すべきではないとは言いません。短期投資であれば、むしろボラティリティがあったほうがいいのです。

ただし、こうした銘柄で一攫千金を狙って信用取引をするのはもう自殺行為としか言いようがありません。株価の実態を表す業績の裏付けがないのですから、落ち着きどころを探して株価は激しく上下に動き続けます。こうした銘柄を信用取引でやってもいいのはデイトレだけです。

❹ゲーム関連の銘柄

ゲーム関連は、うまく銘柄を探し当てることができればおいしいのですが、私は正直ゲームをやらないのでわかりません。先ほども言いましたが、みな一心にスマホゲームを電車内でやっていますので、その中でヒットするゲームがあれば、その提供会社の株価が上昇するのは当然のことです。

ソーシャルゲーム、スマホゲームでヒットが生まれるととんでもない利益を会社にもたらします。開発にかかる費用は一定なので（ほぼ人件費）、損益分岐点を超えると爆発的に利益が上昇するのです。配信自体にはコストはほとんどかかりませんので流行り出すと一気に利益が増えます。

ただし、ヒットするゲームを開発できなければいつまでも株価は上がりません。どのゲームがヒットするかを最初に感じ取るのはほかでもないユーザです。それが**財務諸表に反映される頃には、すでに株価に相応に織り込まれてしまっています**。それに流行り廃りが激しいのもこの業界です。撤退するタイミングも素早く決断しないと痛い目を見ることになります。

❺人材派遣関連の銘柄

人材派遣業界は、原価が人件費だけです。ですから、利益率が高い傾向にあるために一見成長株のように見えます。ただし、この業界は**人材供給量の調整弁**を果たしています。当面は人材不足が続いていますので、この業界が成長を続けることは間違いないでしょう。

ただ、景気が冷え込むと人を採用する動きが一気に鈍り、派遣業界は一時的に縮んでしまうことが予想されます。その収縮たるや少々下火になるというものではありません。人材の調整弁を一気に締めて、企業は守りの姿勢を固めますから、派遣ニーズは急減します。こうしたリスクを内包している会社だということはよく考えておいてください。

❻ カタカナ系ワンルームマンションディベロッパー関連の銘柄

ワンルームマンションを多数建築する新興不動産もあまりお勧めできない株です。

昨今の超低金利で不動産を購入するための調達金利が安くなりました。新築ワンルームマンションは、営業すればエンドユーザが高値で買ってくれますので販売側は確実に儲かりますが、土地を買って、建物を建設して、販売するまでの在庫を抱えています。

これが不況になる、または金利が跳ね上がるとどうなるか。まず、不況になれば不動産価格は下落しますので、**在庫として仕入れていた不動産がもくろみ通りの値段で売れなくなり利益率が悪化**します。さらに金利が上がると、調達金利が高くなりますから収益を圧迫していきます。

現在は表面化していませんが、そういうリスクを常に抱えているからこそ、新興ディベロッパーは足もとの収益や配当が良くても株価が上がらず、配当利回りが高いままなのです。

ちなみに、人材派遣、新興不動産に共通して言えることは、買うのは不況の真っただ中がお勧めだということです。10分の１になるかもしれませんが、そうしたときに思い切って購入することで、大きな対価を得られる可能性があります。

繰り返しになりますが、成長株というカテゴリーでは買うべきではないということですので、短期投資の対象としてはこの限りではありません。

❼パチンコ関連の銘柄

パチンコ器具メーカーへの投資もあまりお勧めしません。株価が上昇するには機関投資家の継続的な買いが必要ですが、機関投資家は投資信託であれ生損保であれ、**この業界の株を組み入れることがコンプライアンスの観点から難しい**のです。

また事業としても、個別企業の企業努力というよりも、むしろ国の方針に大きく左右されます。企業がコントロールできない部分が大きいと言えます。

したがって、足もとの収益性は高く見えても、不確定要因が多いこと、プロの買いが入らないことから基本的には株価はあまり上がりません。成長株としてはこの業界に投資するのは見合わせたほうが賢明です。

第8章

“今日”からできる二流投資家への道

1つの銘柄に徹底的に詳しくなる

最後の章として、あなたが二流投資家を目指すために、**「今日からできること」**を解説していきます。

まず、実際に株を買っていない人は、株を買うところから始めてほしいと思っています。そのうえで、投資と並行しながら本格的な勉強を始めていけば、より投資家としての実力が上がります。

よく、しっかり勉強してから株を買うという人がいますが、順番が逆です。書籍、日本取引所グループ、しるぽると、日本証券業協会などの公的機関のウェブサイトで株式投資に関するひと通りの知識を学んだら、即投資です。**常に実践から学ぶ姿勢**が大切です。

ただ、これらのウェブサイトは公的で間違いない情報が記載されている反面、投資の素人が書いた、ただのきれいな文章です。最低限知っておいたほうがいいこと、そして投資を進めるうえで気になることを調べる際の辞書代わりと考えておいてください。

ではどうやって学んでいけばいいかというと、何より**自分の経験、失敗の経験**が一番役に立ちます。短期取引で熱くなって、株価が2倍になって喜び、ストップ安になって大慌てするということを実際に経験するのが投資家として成長するための大切なステップです。

さらに、ある程度投資の経験を重ねたら、**今度は好きな銘柄を1銘柄選んで、徹底的にその会社のことを調べてみてください。**

必ずしもその会社への投資割合を増やす必要はありませんが、会社の発信している情報を調べて、もし自分がサービスを体験できるのであれば体験してみてください。消費者向けの会社が、実際にサービスを受けられるのでいいかもしれません。

なぜ、このような方法を進めるのかと言えば、1つの上場会社について詳しくなると、投資の実力が確実に上がります。投資の抽象的な話を聞いていても、すべて具体的に落とし込めるようになるからです。それを私はHameeで実践してきました。

たとえば、決算で営業利益・経常利益という数字を聞いても、具体的にその数字の意味することが頭に入ってきます。営業利益とは本業で稼いだ利益という抽象的な表現ではなく、**スマホのアクセサリーを企画・製造・販売して得られた利益と、ネクストエンジンの利用料から得られる利益だな**と具体的に理解できるのです。

マクロ経済の話を聞いて、米国の景気が悪くなりそうだというニュースがHameeにどう影響するかも考えられます。

「スマートフォンが売れなくなる→スマホカバーの買い替え需要が細る、またはネットショッピングで買い物をする人が少なくなってEC業者が設備投資をする資金がなくなり、ネクストエンジンを新規導入するスピードがなくなる→Hameeの売上げが下がる」と、具体的にイメージできるのです。

投資用語を学ぶときでも、具体的にストップ高というのは、Hamee株が2000円から2500円になることかとイメージが湧きます。

また、**株価のクセもわかり、値動きが見えてくる**ので投資タイミングが計りやすくなります。Hameeで言えば、「小型株でありながら2000円前後（2021年1月）くらいの価格帯で推移しているので100円、200円ぐらいは簡単に動く株だから、大型株よりも相応に時間と値幅を見ながら、投資していったほうがいいな」などです。

毎年会社から出てくる業績予想が保守的か、それとも積極的なのかもわかります。数字に表れない会社の強みも繰り返し調べることで少しずつわかってきます。

このように、1つの銘柄に詳しくなれば様々な投資の出来事をすべて具体例に当てはめて学ぶことができるのです。以後、ほかの銘柄を調べるときも情報の探し方がうまくなります。「Hameeではこうだった。ではエニグモではどうだろう」と当てはめて理解できるようになるのです。

企業のウェブサイトを見る

❶ウェブサイトは会社の自己紹介

会社の存在をアピールする方法は数あれど、現代社会においてスマホサイトで自社をアピールするのは有効な方法の1つです。ウェブサイトには載せられる情報量に制限がなく、いくらでも自社をアピールする情報を載せることができます。

新型コロナウイルスで対人コミュニケーションが少なくなっている今、以前にも増して上場企業はウェブサイトの構築に力を注ぐことが求められるようになっているのです。

株主目線で投資判断に役立つのは法定の開示資料や任意開示資料です。法定の開示資料というのは金融証券取引法により金融庁や財務局に提出することが求められているもの、そして、東京証券取引所に提出が求められている書類のことです。

法定資料の中で、もっとも力を入れているのが**「有価証券報告書」**です。年１度の本決算についての状況を詳しく開示しています。それよりも少しボリュームを落とした報告書が四半期ごとに作成する**「四半期報告書」**です。

どちらも法定資料ですが、有価証券報告書作成時には、監査法人（監査の資格を持った公認会計士が勤務する法人）が財務諸表に全体として重要な虚偽の表示がないということについて合理的な保証を得るための監査をしてくれますが、四半期では監査をしてくれません。

監査法人による監査についてご存じない人もいると思いますので簡単にご説明すると、上場企業では外部の監査法人が定期的に会社内部の資料を見て、適正に決算が作成されているかどうかを確認します。なぜこんな性悪説を前提とした制度ができたかというと、昔は外部の監査を受けずにいい加減な決算書類をつくって投資家を集め、結果として投資家に大損させたことがあったからです。

さて、法定開示書類にはそのほか東京証券取引所が、上場企業に対して作成を義務付けている**「決算短信」**というものがあります。これは投資家にタイムリーに会社の状況を開示するよう上場企業に義務付けることで、投資家に安心して投資してもらおうという証券取引所のルールです。決算短信と書いてありますから、短いのかと思いつつ実は内容が充実しています。

さらに上場企業は、東京証券取引所に対して会社の経営状況に著しい影響がある事実が発生した、または決定した場合にはそれもタイムリーに公表しなければなりません。

地震が発生して工場が壊れてしまった、新型コロナウイルスの影響で営業を停止した、株式分割をした、配当を増やすことを決定したなどの事実についても速やかに公表することが義務付けられています。

厳密に言うと、これらを企業のウェブサイトに公表することは義務付けられておらず、EDINET（有価証券報告書・四半期報告書・臨時報告書）や適時開示情報サービス（決算短信）といったプラットフォームに情報を載せることが義務付けられているのですが、多くの企業が自社のウェブサイトにもこうした法定資料を掲載しています。

企業が開示するのは、こうした法定資料だけではありません。法定資料というのは様式が定められており、役所や取引所に提出するものなので内容がオカタイのです。色使いも基本はモノクロでピッチリと活字で説明されています。慣れてくるとどこに注目して読めばいいのかがわかってきますが、何十ページもあって初心者には難しいと感じるでしょう。

たとえば、エニグモでも有価証券報告書は80ページ以上の内容になっていました。

たしかに、有価証券報告書等の法定開示資料に記載している事実を知っていれば投資に役立つことは間違いありませんが、すべての株主・投資家にそれを求めるのは酷な話です。

そこで、もっとわかりやすく、より多くの株主・投資家に株式を保有してもらおうという観点でつくられたのが**「決算説明会資料」**です。理解度を助けるために図表が用いられており、色使いも鮮やかで最初はこちらのほうが読みやすいでしょう。

さらに会社によっては**「株主通信」**といった名称で、株主向けの短いパンフレットを作成している企業もあります。これは、もともとは株主総会関係資料（招集通知や決議通知）、配当金計算書などと合わせて封筒に同封されているものですが、ウェブサイトで確認できることがほとんどです。

こうした資料を掲示するサイトは、**「コーポレートウェブサイト」**と呼ばれています。サービスを提供するサイトとコーポレートウェブサイトはそれぞれ目的が違うので、分けている会社が多いのが特徴です。

サービスを提供するサイトは消費者を相手にしているのに対して、コーポレートウェブサイトは取引先や投資家などが閲覧することを想定してつくられています。ただ、イメージではなく事実を知りたい人が見るため、内容が比較的固いかもしれません。

たとえば、エニグモを見ると、そもそもメインのサービスは「BUYMA」事業で、BUYMAのウェブサイト（サービス用のサイト）はコーポレートウェブサイトとはまったく独立しています。

こうした資料を上場企業の経理部・総務部・経営企画部が四半期ごとに作成しています。

どれが正解ということはなく、会社によってウェブサイトの構成は異なりますが、内容の充実に加えて見やすさも大切です。企業イメージなどを考えながら、情報発信手段として活用しているかを総合的に見ていきましょう。

❷ウェブサイトで注意して見ること

そのほかに、ウェブサイトでどのような点に留意してみたほうがいいのでしょうか。

まずは、**会社のメッセージと顔写真が載っているか、好印象を持てるか**というのを確認してみてください。上場企業の社長、とくにオーナー企業の社長であれば顔を出して自らの言葉でメッセージを発信しているかを確認しましょう。

また、**メッセージを定期的に更新しているか**も見てみましょう。最近では、新型コロナウイルス感染拡大防止のため従業員の安全を確保しながら、パフォーマンスを落とさず働くための組織づくりが企業に求められています。こうした点について、留意しながら事業を拡大させていくかどうかがメッセージとして込められているかどうかも見てください。

あまりにも情報が更新されていないというのは、投資家目線に立ってウェブサイトが運営されていない証拠です。

Hamee やエニグモを例に取ると、いずれも代表者がカジュアルな恰好で写真に写っています。社長がこのような恰好で写るということは、スーツを着て仕事をする環境ではないということ、そして社長が40代ということは、若い社員が多いのだろうということが想像できます。

逆に、**写真が掲載されていない会社は要注意**です。とくに、オーナー企業を狙った投資であればなおさらです。顔写真が掲載されていない会社は投資対象から外してしまっていいでしょう。

次に**会社説明会資料が載っているか**。これは先ほど説明しましたが、会社説明会資料というのは、わかりやすく会社がつくった資料で、株主や投資家へのサービスです。あなたが詳しい業界ならばいいですが、詳しくない業界であれば、まずはわかりやすい資料から読んでいって理解を深めていきたいもの。とすれば、このような資料があればより多くの投資家が理解しやすくなります。

一点注意事項があるとすれば、この資料は**会社側の意図が色濃くでた資料になりがちだ**ということです。都合が悪い情報は巧みに隠して、都合がいい部分を強調したつくりになっています。有価証券報告書や決算短信ではそこまで露骨なことはできませんが、会社説明会資料を見る際には注意が必要です。

たとえば、「３年連続で増収増益！」と書いてあるものの、よく見ると今期の利益は手もとの有価証券を売却したことによって得られた特別利益が半分を占めていたということがあります。前年度よりも少しだけ利益を多く出すために、そうした調整をしている会社というのは意外に多いものです。

自社業務をわかりやすく説明しているかどうかも大切なポイントです。一般の個人投資家は素人で、その業界のことを知る機会はほとんどありません。本職のアナリストやファンドマネジャーではないのですから、改めて勉強するのも面倒くさいもの。こうした人に対しても少しでも会社のことを知ってもらおうとして、最近では業務の説明動画を用意している会社もあります。

Hameeのコーポレートウェブサイトを見てみてください。同社の主力業務である小売り事業（スマホケース等）とECプラットフォーム事業（ネクストエンジン）の説明が数分間の動画にまとめられています。

もし、これらの説明を見ても業務内容がわからない、または興味がわかないということであれば、その段階で投資する必要はありません。投資の機会はいくらでもありますし、わかるようになってから投資すればいいのです。

また、**新入社員向けの特設ウェブサイト（採用ページ）**を見てみるのもいい方法です。新入社員の年齢は22歳前後で、新卒採用はそれよりも少し若い20歳ぐらいの若者が見ることを想定してつくられたウェブページです。

彼らの知識は社会人経験を積んでいるあなたよりも当然少なく、わかりやすく作成しなければ興味を持ってもらうことができません。自社の魅力をアピールして少しでも優秀な学生に入社してほしいという想いは企業の人事担当者共通の願いです。

ですから、学生向けに作成されたウェブサイトには、企業がどのように業務で社会貢献しているか、また、20代社員がどのように働いているかという姿を見せて、会社で働くイメージを持ってもらおうという意図で作成されていることが多いのです。

もちろん、これも都合が悪い事実は伏せられています（年功序列で給料が上がらない、掲載されているような仕事は一部の職員しかできない、自分の好きな仕事はできない、自立的なキャリアは積むのが難しい、働かないのに給料をもらっているおじさんがたくさんいるなど）。それらの事情は、割り引いて見るのがいいでしょう。投資候補の会社のことを知るという意味で採用ページを閲覧してみてください。

さらに、**ウェブサイトの構成が時代に合っているか**もチェックしてみてください。

今やスマホでチェックするのが当たり前の時代ですから、会社側もスマホでアクセスされることを念頭に置いて作成しています。PCからのアクセスであればPC用の画面を表示し、スマホからのアクセスであればスマホ用の画面を表示する。当たり前ですが、こうした見やすいサイトになっているかどうかを確認してみてください。定期的に訪問することで、株主や投資家目線でウェブサイトがアップデートされているかもチェックするといいでしょう。

また、**従業員を特集して紹介しているかどうか**も大切です。企業宣伝のために働いている社員に動画出演してもらおうと思っても、社員がイキイキと働いていない会社は魅力的に映りません。

逆に、動画に出てくれる社員が多いということは、その会社のことが好きで、かつ長く勤めたいと考えている証拠です。

Hameeの会社紹介でも、従業員が働いている姿を説明しています。もちろん仕事は楽しいことばかりではなくて、やりたくないけれどもやらなければいけないこと、予算、納期、顧客要望の制限内でプロダクトをつくり結果を出す大変さも伝わってくるので、等身大の社員の姿が見られる貴重な情報です。

❸定期的にウェブサイトを訪問してみる

投資している会社、これから投資する会社のウェブサイトは**定**

期的に訪問しましょう。継続してウェブサイトを見ることで、情報が更新されているところ、変わっていないところがわかってきます。

いつまでもリニューアルしていないと、会社としてあまり情報発信に力を入れていないという感想を持ちます。投資家は外部の人間なので、企業が発信する情報以上のことはわかりません。もちろんその情報に加えて自らの経験、知恵をフル動員して投資するわけですが、情報源としてのウェブサイトが更新されていないと、こちらも知識をアップデートすることができません。

最低限の情報、法定開示資料はさすがに掲載している会社がほとんどでしょうが、私はそれ以外の情報が適宜増えているかを確認しています。

では、どれくらいの銘柄についてウェブサイトを見てみるといいのでしょうか。実はウェブサイトは、一度見れば資料が更新されるペースはそこまで頻繁ではないので、考えているほど大変ではありません。こうした行動はすべてを投資に結び付けて考えるという訓練にもなります。定期的にウェブサイトを確認することは、頭を定期的に投資家モードに切り替えるという意味でも有効です。力を抜いてリラックスして、気持ちが向いたら時々閲覧するぐらいの気持ちでいきましょう。

❹動画もチェックしてみよう

ウェブサイトを確認するということもそうですが、数字だけではわからない会社の個性、会社の儲けの秘密をどうやって探すかという目的に**動画は有効**です。

いわば医者の診察と似ているかもしれません。心電図、採血、CT スキャン、採尿などで血糖値、コレステロールといった健康に影響がある数値が明らかになり、それをもとに健康状態を確認するだけでなく、実際に患者さんに病状を聞く、触診、聴診器で脈を確認したりして病気の原因を探っていますよね。

これを投資に当てはめると、財務指標や経営上の重要な（KPI: Key Performance Indicator）を確認するのは数字で会社の経営状況を確認する作業です。動画ではさらに、**経営者はじめ関わる人たちが力を発揮して働いているか、なぜこの会社は利益が出るのか**などといった秘密を自分なりに探ることです。

動画では、文字情報だけでは伝わらないことがわかってきます。先ほど１枚の経営者の写真からでも様々なことがわかると述べましたが、動画となればさらに多くの情報が得られます。

ただ会社の公式情報の動画は、エンターテイメント性もありませんし、多く動画が上げられているわけではありません。見る人も少なく３～４桁程度の再生回数です。

とはいえ、会社の公式情報で勉強する人が意外に少ないので、投資家として他人と差をつけられる部分です。動画からも会社の概要をつかんでみてください。

基本的な会計の知識を身につける

成長株投資で私が投資する会社は、利益を上げ続ける会社はいずれ利益の水準に株価が収束するという前提で投資をしています。利益が上がっているかどうかは、財務諸表に記載されています。その財務諸表を読むためには、やはり**「会計の知識」**は欠かせません。

会計の知識というと、それだけで拒否反応を起こしてしまう人がいます。私は、この本で紹介した通り初心者の方向けにわかりやすく理解する方法として、まずは家計にたとえて考えることをお勧めしています。徹底的にわかるまで具体例を簡略化するのです。

個人投資家は会計マニアになる必要はありません。二流投資家は基本的に企業が増収増益であることを確認して、それに加えて必要な範囲で会計の知識をつけていけばいいのです。

1カ月に1冊は投資の本を読んで感想を書いてみる

本を読んでいる人は意外に少ないのが現状です。1冊の本を読むというのは、情報がまとまっているので効率よく情報を取得できるという意味で大変意味があります。

ただし、本を読んだだけで意味があるかというと不十分です。**本の内容まとめでもいいですし、感想を書いてみる**のもいいでしょう。気になった箇所をマークするのもいい方法です。人の頭はアウトプットすることで記憶に残るようにできています。

私もセミナーを始めて、人に教えるためにアウトプットし続けた結果、体系的に本が書けるまで株式の知識が頭に入ってきたのです。

『会社四季報』を読んでみる

『会社四季報』とは投資判断に必要な情報をコンパクトにまとめた情報誌です。その歴史は古く、戦前にさかのぼります。情報は１ページに上下２社、左右で４社の構成となっています。

四季報は証券コード順に並んでおり、すべての上場会社について掲載されています。３カ月に１度発刊されるので、タイミング次第で直近上場した会社は掲載されていないこともあります。

かつては四季報の記載内容が今よりも重要視されていて、発売日になると投資家はこぞって買い求めた時代もありました。実際にプラスの材料が書いてあればそれが材料視されたこともあったようです。

❶四季報は会社の概要を把握するために利用する

株式投資の情報をコンパクトに得られるという意味で、『会社四季報』の重要性は変わりません。とくに有効な活用法は、**正確な過去データをひと目で確認する**ことです。

紙面上、すべての情報を載せることは到底できません。そこで重要な項目に絞って記載されています。したがって、記載されている数字は、会社の経営状態を知るうえで大切な数字なのです。

過去の数字は編集が責任を持って記載していますから信頼できますが、記者が書いた将来の予想はほとんど会社の業績予想で、何の責任もない数字です。来期の利益をどれだけ計上するかというのは経営陣の判断にかかっています。どうしても積極投資をしようと思っていたら利益は減りますし、特別損失が発生すれば利益はやはり減ります。逆に投資をしようと考えていたけれども、思うようにできなかったとなれば利益は増えるのです。

四季報の過去データは、有価証券報告書や四半期報告書から引っ張ってきたものですから省略版です。原典に当たるのが一番ですが、すべての銘柄について調べている時間はありません。ですから、まずは四季報の中で面白そうだなと思える銘柄を探すのです。その際に私が気を付けているポイントは以下の通りです。四季報の読み方の本ではないので、ポイントだけ挙げておきます。

❷見るべきポイント欄……Ⓙ業績

まずは株式投資をするうえで大事な情報が【業績】です。見るべきポイントは、**どれだけ製品・サービスを売って、どれだけ儲けたか**です。儲ければ儲けるほど会社にはお金が入ってきますので、会社の価値が上がります。企業が稼ぎ出したお金は配当金として払うことができるお金ですから、払い戻してもらえる金額が増えるという期待感から株価が上昇するのです。もちろん逆もしかりです。

❸見るべきポイント欄……Ⓐ特色

次に【特色】の欄を見ましょう。この欄を見ると、**ひと目で何をやっている会社なのか**がわかります。1行で会社の概要がわかりやすくまとめられているのはさすがです。

どんな事業をやっているのか銘柄を探すヒントになりますが、

『会社四季報』の紙面構成と見るべきポイント

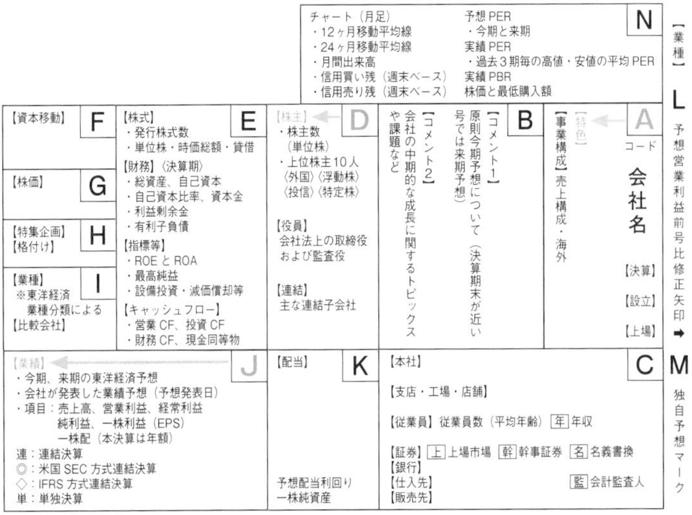

N
チャート（月足）
・12ヶ月移動平均線
・24ヶ月移動平均線
・月間出来高
・信用買い残（週末ベース）
・信用売り残（週末ベース）
予想PER
・今期と来期
実績PER
・過去3期毎の高値・安値の平均PER
実績PBR
株価と最低購入額

【業種】

L
予想営業利益前号比修正矢印➡

M
独自予想マーク

A
【特色】
コード
会社名
【決算】
【設立】
【上場】
【事業構成】売上構成・海外

B
【コメント1】原則今期予想について（決算期末が近い号では来期予想）
【コメント2】会社の中期的な成長に関するトピックスや課題など

D
【株主】
・株主数（単位株）
・上位株主10人〈外国〉〈浮動株〉〈投信〉〈特定株〉
【役員】
会社法上の取締役および監査役
【連結】
主な連結子会社

E
【株式】
・発行株式数
・単位株・時価総額・貸借
【財務】〈決算期〉
・総資産、自己資本
・自己資本比率、資本金
・利益剰余金
・有利子負債
【指標等】
・ROEとROA
・最高純益
・設備投資・減価償却等
【キャッシュフロー】
・営業CF、投資CF
・財務CF、現金同等物

F
【資本移動】

G
【株価】

H
【特集企画】
【格付け】

I
【業種】
※東洋経済業種分類による
【比較会社】

J
【業績】
・今期、来期の東洋経済予想
・会社が発表した業績予想（予想発表日）
・項目：売上高、営業利益、経常利益
　純利益、一株利益（EPS）
　一株配（本決算は年額）
連：連結決算
◎：米国SEC方式連結決算
◇：IFRS方式連結決算
単：単独決算

K
【配当】
予想配当利回り
一株純資産

C
【本社】
【支店・工場・店舗】
【従業員】従業員数（平均年齢）年 年収
【証券】上 上場市場 幹 幹事証券 名 名義書換
【銀行】
【仕入先】
【販売先】
監 会計監査人

投資対象に入らない銘柄（インフラ系など）を除外するという意味もあります。

この欄を見て少し面白いなと思ったら、会社のウェブサイトを訪問して詳しく調べてみます。この段階で企業の業務内容がわからなかったら無理に投資をしなくてもかまいません。世の中のことをすべて知ることはできませんから、知っている分野、興味がある分野に絞って投資すればいいのです。

❹見るべきポイント欄……Ⓓ株主

株主構成は会社のパワーバランスを表しています。大株主に創業者の名前があると、その会社は**オーナー企業の可能性が高い**と言えます。その会社に投資すべきかどうかを判断する意味で上位の株主構成は欠かせません。

また、**機関投資家がどれだけ入っているか**というのもチェックします。会社が成長してくると、次第に機関投資家のポートフォリオに組み込まれてきます。上場当初は経営陣や近しい人が上位に顔を連ねていますが、そのうち信託銀行やファンド名義での株主が増えてきます。

以上、最低でも3つの欄は銘柄探しの参考にしてください。

投資家のコミュニティに参加してみる

株式投資による資産形成は、長きにわたる旅路です。1年や2年間で終わるものではなく、自分の資産形成目標が達成されるまで何年、何十年にもわたって継続的に続けるものです。

そして、その道のりはいつも平たんではありません。時には株式相場が暴落して投資をやめてしまいたいこともあるはずです。また、自分の持ち株だけが上昇せず焦ることもあるでしょう。

そもそも何から始めたらいいのかわからないという人もいるでしょう。

そういったときに、自分が目標とする投資スタンスを続けている投資家のコミュニティに参加するのは刺激を受ける意味で面白いかもしれません。

ただし、ここで注意すべきなのは、直接儲かる話を聞きに行くためではありません。もっと根本的な、**投資家の考え方の違いを感じるため**に参加するのです。

たとえば、儲かっていない人は投資に恐怖心を感じています。投資で成功している人は、リスクを取るのは当たり前のことと考えています。

また、「利食い・損切りをどのようにしているか」「銘柄をどのように選定しているか」「どのようにして今のスタイルを身につけたか」など、他人から学ぶことはたくさんあるはずです。

成功している投資家が初心者の頃はこのような失敗をしたという話を聞かせてくれたりもします。こういった貴重な話は会話のなかでこぼれ出るもので、オンラインではなかなか聞くことができません。**誰にでも見られる可能性がある環境では言えないことが多い**ものです。

また、投資は孤独な作業になりがちです。それに日本では投資について堂々と話す雰囲気はありません。投資のこともあまり話したがらない人も多く、むやみに投資のことを話すとネガティブにとらえられることもあります。

そう、投資について語る場というのは、少数派の人がいる場に積極的に出向いていかないと見つけられないものなのです。投資家はみな自分の世界観を持っている人が多いですし、そういった人たちとの交流は、家庭・職場に次ぐ“第３の居場所”になるかもしれません。

最終的には、自分のスタイルに落ち着いていくのですが、そのヒントとするべくほかの投資家と意見交換することで、自分の投資を見直すいい刺激になるはずです。

おわりに ──

最後までお読みいただきありがとうございました。

これまで成長株投資について得たことを述べてきましたが、私もそれこそたくさんの失敗を繰り返してきました。今でこそ人前でセミナーをして投資法を教えていますが、それまで自分が頭の中でやってきたことを整理したことはありませんでした。

実際に、毎回セミナーのあとに受講生の方々向けフォローレポートという形で自分なりに講義メモを書くことによって頭が整理され、さらに自分でそれを読むことでわかっていること、わかっていないことが区分されていった感じです。

本当に自分が理解しているかどうか、わかりやすく言葉で伝えられるかどうかが、投資で勝つための方法論を体得しているかどうかの判断基準です。ですから、あなたは自分のためにそれをやってほしいと思っています。

そして、アウトプットしてしまえば頭の中を空っぽにすることができます。そうして新しい知識を得ることができるし、新たな銘柄に投資することができるのです。

しかし、ほとんどの人がここまでやりません。続ければ投資の実力がつくのにもかかわらず、です。投資家としての見識がアウトプットにより広がることは、間違いありません。

残念ながら投資で最終的に儲かるかどうかは、私にも正直わかりません。この本では儲かる確率が高い方法をお伝えしたつもりですが、何があるかわからないのが株式投資の世界です。だからこそ、株価が動き、儲かる可能性があるとも言えます。不確実性が確実になっていくにつれて株価は修正されていくからです。

しかし、あなたの知識が広がり、サラリーマンとして成長できることは確実に保証できます。社会人生活が長くなってくるとルーティン的な仕事になり刺激もなくなってきがちですが、株式投資の知識を常に頭に入れていくことが、マンネリを防ぐという意味で有効かもしれません。

成長が期待できる銘柄を探すことは、難しいことではありません。

現在ではスクリーニング機能を使えば簡単に銘柄をピックアップできます。そもそも個別株投資に大切な情報は、オンラインですべて無料公開されているのですから特別な情報はありません。長期投資でも、かつて存在したプロとアマの情報格差は存在しなくなったのです。

では、成功する投資家と失敗する投資家を分けているものは何か。それは本書にも書いたような、基本に忠実に投資することを徹底しているか、につきます。

私もまだまだ勉強中の身ですが、投資は勉強するだけ自分のためになる素晴らしい実学です。あなたも株式投資を通じて、資産形成はもちろんのこと、自身の視野を広げて実り多き人生を歩んでください。この本が、その道しるべになればと願っております。

最後になりますが、私のブログをご覧いただいている皆さま、セミナーの受講者の皆さま、セミナーを共催しているパートナーの三浦様、株式投資セミナーや、中学生・高校生向けの株式投資勉強会の運営を快く手伝っていただいている皆さま、出版へのアドバイスをいただいた株式会社オンザボード代表取締役の和田様、フォレスト出版の稲川様はじめ編集部の皆さま、執筆の時間を快く与えてくれた家族、そして、何より本書を手に取っていただき、最後まで読んでいただいた読者の皆様へあらためて感謝を申し上げます。

2021年1月吉日　長田 淳司

※成長株式投資のオンラインサロンを運営しております。よろしかったこちらまで。

https://www.groth-stock.com

〈著者プロフィール〉

長田淳司（ながた じゅんじ）

サラリーマン投資家を支援する投資家。
1981年8月生まれ。一橋大学を卒業後、某金融機関に勤務。機関投資家向けの有価証券管理業務や海外営業に従事。現在、自身もサラリーマンとして株式投資を続ける。
2005年から株式投資を開始。一攫千金を狙い短期急騰銘柄への投資に挑戦するも高値でつかみ、損切りできずに100万円以上のマイナスを経験する。さらに、リーマンショック期に損失は300万円に膨らむ。
貯金のほとんどを失い、何をすることもできなくなるなか、もう一度、株式投資に挑戦することを決意。損失が膨らんだ原因を分析し、敗因は「銘柄の基本的分析、資金管理をせずに感情に任せていた」と気づく。
その後、投資スタイルを見直し、サラリーマンとして自分に合った手法、リスクを限定させリターンを得る手法を試す。
様々な試行錯誤を繰り返し、「株は理論価格に収れんする」「中・長期で成長する銘柄に投資する」「チャンスを待ち、チャンスを見極める」という独自のスタイルで株式投資を続ける。その結果、ポジションを拡大、投資スタイルを確立させ、300万円の資金から7000万円強まで増やす。
現在は、会社勤務を続けながら、中小企業経営者、ビジネスパーソンを中心に延べ2500人に投資セミナーも行い、資産を増やす人が続出。そのわかりやすさと実践的な内容に、知る人ぞ知る投資セミナーとして好評を博している。

◆オンラインサロン　https://www.groth-stock.com
◆メール　nagata.junji1981@gmail.com

〈装丁〉竹内雄二
〈DTP・図版作成〉沖浦康彦

10万円から始めて資産を200倍にする小型成長株投資

2021年2月5日　初版発行
2021年3月12日　3版発行

著　者　長田淳司
発行者　太田　宏
発行所　フォレスト出版株式会社
〒162-0824 東京都新宿区揚場町2-18　白宝ビル5F
電話　03-5229-5750（営業）
　　　03-5229-5757（編集）
URL　http://www.forestpub.co.jp

印刷・製本　日経印刷株式会社

ISBN978-4-86680-117-9　Printed in Japan

10万円から始めて資産を200倍にする
小型成長株投資

読者無料プレゼント

成長株投資で初心者でも儲けるためのポイント

動画ファイル

本書にも掲載されている、著者のセミナーで実際に成功した参加者の方と、初心者でも成長株投資で儲けられるポイントを対談形式でお伝えします。
著者が伝える投資法をより深く知ることができます。ぜひ、ご活用ください。

この無料プレゼントを手にするには
こちらへアクセスしてください

http://frstp/200kabu

※無料プレゼントは、ウェブサイト上で公開するものであり、冊子やCD・DVDなどをお送りするものではありません。
※上記無料プレゼントのご提供は予告なく終了となる場合がございます。あらかじめご了承ください。